本书是2022年广州市基础教育教学成果入库项目，"小学语文'一点三圈'课内外阅读相结合模式研究"的研究成果

U0624906

小学语文"一点三圈"课内外阅读相结合模式探究与实践

杨雪柏 著

吉林人民出版社

图书在版编目（CIP）数据

小学语文"一点三圈"课内外阅读相结合模式探究与
实践 / 杨雪柏著. — 长春：吉林人民出版社，2023.11

ISBN 978-7-206-20360-2

Ⅰ.①小… Ⅱ.①杨… Ⅲ.①阅读教学—教学模式—
研究—小学 Ⅳ.①G623.232

中国国家版本馆CIP数据核字（2023）第228501号

小学语文"一点三圈"课内外阅读相结合模式探究与实践

XIAOXUE YUWEN "YIDIAN SANQUAN" KENEIWAI YUEDU XIANG JIEHE MOSHI TANJIU YU SHIJIAN

著　　者：杨雪柏　　　　封面设计：李　娜

责任编辑：门雄甲

吉林人民出版社出版发行（长春市人民大街7548号　　邮政编码：130022）

印　　刷：北京政采印刷服务有限公司

开　　本：787mm×1092mm　　1/16

印　　张：10　　　　　字　　数：140千字

标准书号：ISBN 978-7-206-20360-2

版　　次：2023年11月第1版　　印　　次：2023年11月第1次印刷

定　　价：58.00元

如发现印装质量问题，影响阅读，请与出版社联系调换。

阅读，学习路上的双翼

　　20年语文教学生涯，若有人问，你觉得对语文教学最有帮助的是什么，或者说最有感触和收获的是什么，我会毫不犹豫地回答"阅读"。过去十几年，我和学生在书籍中阅读、遨游，让我们的语文学习充满了生气、灵动、快乐和希望。将阅读与语文教学、语文课堂、学校生活、家庭生活融为一体，在这个过程中，我们有困惑、有退缩、有迷茫，不断地摸爬滚打；有坚持、有喜悦、有收获，不断地反思调整。在螺旋式前进和提升的路上，我们不知道该把自己关于阅读的一系列想法和做法称为什么，只是觉得作为一线教师有自己的想法，并能将自己的想法在属于自己的"一亩三分地"里实验是一件自由而快乐的事情。

　　从最初小心翼翼迈出的第一步，到初尝收获小果实的喜悦，再到确定所做的事情是有意义和价值的，我开始回顾在语文教学之路上开展的那些与阅读相关的事情。从糊里糊涂到主动寻找动作背后的理论支撑和科学价值，我的专业认识和专业成长随着年龄一同增长，不同的是年龄增长更加明显，专业的成长则稍显曲折缓慢。不管是怎样的变化，作为教师最大的幸福和自豪都是来自学生的成长。他们就像一群群出笼儿的小鸟，一批批褪去稚嫩的黄嘴丫子，在你不舍和远眺的目光中扑棱着翅膀向不同方向飞去。在日后的逢年过节、重要的人生转折点，或不知什么偶然的机会会有他们的消息，有时候不记得那个名字，有时候甚至把现在孩子的名字安在了他们身上或是把他们的名字安在现在的孩子身上。尤其在新接手一个班级的时候，我总喜欢把他们和自己曾经带过的班级学生去比较。例如，会把第二届的学生和第一届的学生作比较，告诉他们第一届的学生有多优秀；第二届的学生走的时候又是多么不舍；到了第三届学生的时候，又告诉他们上两届的学生有多优秀，你们要超越她们。教师的日子就是这样循环往复，迎来送往，来的时候有多"满脸嫌弃"，分开的时候就有多恋恋不舍。这样的日子在别人眼里看来不仅单调，也让有限的岁月一下子看到了头：若是小学以3年为1个循环，我就只有4个循环了；若是小学以6年为1个循环，大概我就只剩下2个循环了，一看到这些数字，我心戚戚然而惶恐。过去的每一个日子都不算虚度，但时间真的就像朱自清所写："去的尽管去了，来的尽管来着；去来的中间，又怎样地匆匆呢？"不知道这些平实的话能不能引起他人的共鸣，又能引起多少同行的共鸣？

年轻的时候，不曾体会到当年我的导师，我身边的老教师为何总是感叹时间过得太快，而现在我正在经历着曾经不理解、不明白、别人已经经历过的种种。这种感受让我明白，不论什么时候都要努力去理解你不能理解的行为和思想，除非你也经历过，否则不要轻易谈论，更不能做肯定或否定的论断，这是年龄增长自然而然带来的感悟和收获，无关聪明和智慧。这个在与学生交往中一样有所体现，我年轻时做班主任，在语文教学上很严厉，很讲"原则"。比如，抄写古诗的格式，题目下面是朝代作者，朝代作者下面必须左边两行、右边两行。我看到年轻的英语教师让学生在英文本上抄单词，为了让词和词之间距离相等，学生在抄写前都会把本子页对折两下，这样每行里就可以均匀地写四个单词，要是有学生折了三下，教师会"纠正"他。又如，下雨天学生跑到操场上淋雨踩水，那些从办公室走向教室的教师在走廊上抓几个"落汤鸡"就开始批评……后来，自己有了孩子，再看自己的学生时眼里多了很多温柔，心也软了很多，批评学生的时候多了更多的倾听和理解。

一个一年级的小男孩，大家在写生字的时候他没有写，交了空本子上来，我问他，你写的东西在哪里？他说："老师你没看见吗？在那儿！"他把手郑重其事地指向远方，你自然看不到那里会有他的字，然而你可以理解或者假装理解他是正确的，因为你不知道他的脑子里在想象什么或者在经历什么，但绝不是谎言与借口，他是个才七岁的孩子。于是，我说："嗯，老师的眼睛实在太累了，看不到隐形的它们，你待会让它们现身，好吗？"多从爱的角度而非管理者的角度来管理，有时更有效果和温情。

雨年年下，学生却不同了，但他们的童心是一样的，他们永远不变的是喜欢在雨里追逐跑闹、踢水踩水。与其阻止，不如有组织地让他们去雨里疯狂一把，因为你明白这是孩子的天性。学生的心理有共性、学校的管理有共性、学生的成长有共性，不管课堂教学怎么变，都有相似性，同样地，教无定法，但教者心中有法。阅读教学也是如此，国内外很多阅读专家、学校里很多一线语文教师围绕阅读开展学习、探讨、研究、实践，呈现了丰富的阅读教学经验、样式、模式，甚至套路。对于成长中的学生来说，他们除了有共性之外还有独特的个性，这恰是教师要关注、值得关注和必须关注之处。

"一点三圈"课内外阅读相结合模式是基于城市、地区、学校的经济水平、地域特色、实际学情开展的课内外阅读相结合的模式研究和实践。在这个过程中，我们经历了"绘本打开语文之眼""经典诵读开启心智""构建课内外阅读相结合""课内外阅读""小学生家庭分级阅读"等一系列探索实践，一些做法看起来并不新颖，甚至有些老生常谈，但适合才是最好的。一种模式或做法许多人都用，但效果并不一样，因此不管是已有的前人经验做法还是自己独特的想法，都要以在实际运用中的效果来衡量。

今年4月23日的世界读书日，我收到了在澳大利亚求学的学生留言，她回忆了在小学6年中我带着他们邀游书海的事情，并告诉我那时候的大量阅读对她现在的影响。这天，我正在整理因工作调动一直堆在旁边的书籍，一天一箱书整理的进度还不到1/3，最大的问题就是边整理边阅读，有时拿到一本书读起来就什么都忘记了。我把这件事告诉她，她说："老师，您和我们小学的时候一样了，读书读到不想下课。"

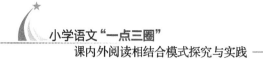
阅读带我们穿越时空，与古今、中外对话。阅读不只是开阔我们的视野和胸襟，更是对生命的丰盈。

"海上生明月，天涯共此时。"我在国内，她在国外，我在这个叫作"小学"的校园里驻足仰头，仿佛看到每一个从这里飞向更广阔天地的学生，正在因为小时的"阅读"品尝着这份喜悦。我们没有翅膀，但我们的思想可以翱翔；我们没有面对面，但我们知道彼此的心意。这正是："身无彩凤双飞翼，心有灵犀一点通。"再回首，我教学之路上的幸福、快乐与收获，都因为有"阅读"一路相随，它就像我教学路上的双翼。

写在世界读书日

我和文字的羁绊要从小学时期说起，得益于从小学养成的阅读习惯。现在的我仍然喜欢阅读，喜欢写作，勇于表达自己的思想。回想起来，这些都离不开小学6年杨老师的培养。从二年级开始，我们早读内容就不仅仅是《三字经》《弟子规》了，还有《笠翁对韵》《声律启蒙》。小时候还不太理解内容，长大后脱口而出的"苍穹""雨霁""亭台水榭"，笔下的"巍巍荡荡""暮鼓晨钟"，都多亏了小学时期的日积月累，坚实的基础让我的理解能力在中学阶段领先于其他同学。

不同于其他班的老师，杨老师从不怕课外读物"闯进"课堂，就连语文课，杨老师也舍得把我们放在图书馆里让我们尽情阅读。那时候，我们通过学校订购杂志，每本杂志杨老师都读过，她详细地介绍了每本杂志的要点，大家在下面听得津津有味。就这样，《儿童文学》《意林》《读者》等文学类杂志成了我童年的主旋律，渐渐地，这些杂志的签约作家也成了我的"心头好"。不仅是我，同班其他同学也主动购买这些作家的长篇作品，互相交换阅读。班级的图书角从未沦为摆设，有时为了抢一本好书还要排队呢。在这种班级环境下，我们怎么能不爱上阅读？

那时候，我们最快乐的两件事，一是收到新出版的杂志，二是拿到批改完的作业本。无论是作文还是周记，都有杨老师密密麻麻的手写批注，杨老师的鼓励与循循善诱是我小学时保持写作热情的动力。

写到结尾不禁感慨，杨老师是陪伴我整个童年的良师益友，无论是对语文的理解能力、阅读能力、诗词背诵能力还是写作能力，她都把我们领进了门。

罗捷（昆士兰大学）

2021年4月23日

阅读让想象永远都在路上

杨老师陪伴了我们整整6年。一年级刚入学时，我们还是小小的。等到6年后离开时，我们很多人都比杨老师还要高了。尽管小学毕业8年了，我依然记得分开时我们的恋恋不舍，最难忘的就是杨老师带我们在课堂上、在图书馆里阅读的情境。阅读给我带来了什么呢？当老师再次问起我时，我不知从何下笔，担心写成流水账。也因为忧虑，我拖延了许久未写，直到我出发前往贵州旅游。

去贵州的高铁上，窗外平坦空旷的原野、局促高耸的山峰和山峰上粗糙多节、苍绿色的树木，一下让我想起了《摆渡人》中人间和天堂之间的荒原。不同于城市的繁荣喧嚣和乡村的恬淡宁静，高铁穿过的这片土地是被遗忘的角落。这种心境来自我和书之间的默契，难以言表，又因不同情境、不同书籍而独一无二。所以，阅读到底给我带来了什么？此时，我的答案是自由的想象。

想象是阅读的基础。想象力是大多数人与生俱来的，但也是长大后的我们不屑于谈论的。想象力往往与天马行空、不切实际联系在一起。在过于匆忙辛苦的当下，想象不如实践更让人安心踏实，空谈想象是乐观理想主义者的作风。但在我看来，想象是人最重要的能力之一，也是阅读的重要基础。作者与读者以书为媒介，利用想象进行精神层面的沟通。一方面，作者利用想象构建书中世界，浓墨重彩地奠定书的基调和风格，又工笔细描地填充完善书中细节。此时，书籍是作者想象的具体表现。另一方面，读者在阅读的过程中，运用自己的想象力将书中内容由文字转换成图像，形成完整的书中世界，并将自己简化成某种精神带入其中，从而了解作者想要表达的内容。对于书中的内容，读者或许认同，将有价值的内容保留下来；或许不认同，产生强烈的情感，强化自己的观点。在这个过程中，读者投入了多少想象与情感，就会收获多少认识和情绪，投入的越多，就越能感受到阅读的力量、想象的力量。这也许就是为什么有些人觉得一本书如一座城，但有些人觉得书只是书，是密密麻麻的文字。因此，阅读极度依赖想象，并受益于它，而想象也依托阅读不断丰富。

首先，想象是可以转变的。任何东西都能转变成想象，比如，一本书、一幅画、一种心情甚至是某些知识。它们以想象的形式储存，是个体表达、创造的材料。同时，想象也能转换成其他形态，比如，某种情绪、某种态度、某种认知。因此，在阅读的过程中，我们在将文字转换成图像呈现在大脑中后，会把其中自认为重要的、有价值的内容深深记住，将它们收到存放想象的房间中。而当我们遇到某些情境时，那些被我们记忆的、想象的材料又会被调动出来。阅读越多，想象就越丰富、越自洽、越自成风格，创造也会因此更有力量、有意义。比如，当你面对某些令人愤懑不平的社会现象时，曾经阅读作品时积累的观点和情绪就会被想象释放出来，转换成愤怒、无奈。但与此同时，理性、冷静、科学的想象碎片也会相继浮现，你意识到只有以客观、积极的态度提出建议，才能解决问题，于是你写下有理有据、富有力量的文字去呼吁社会关注，去为相关人员或部门提供可能的解决方式。

想象和阅读是我从小到大最珍视的两样东西，它们从小学开始陪伴我，一直到现在。虽然中途我与它们走失过，但是我对它们依然念念不忘。我最开始读儿童文学，到了三年级开始接触更成熟的文学作品，比如，《平凡的世界》《傲慢与偏见》，但整体上都是对故事性较强的作品进行泛读，更多是关注情节、人物、主题。因为大量、快速的阅读，我拥有了更加丰富的想象力，获得了比大部分同龄人更成熟的认知和情感，并且更善于写作，搭建属于自己的世界。三四年级时，杨老师开始要求我们进行精读，对文章的表达、情节等内容进行批注。那时候，出于"要认真完美地完成任务"的心理，我会非常细致地进行批注。也许有些批注毫无意义，"无中生有"，但不得不承认的是，这种方式确实让我学会了"咬文嚼字"，拥有了较强的语感。除此之外，我们还会定期写读书笔记，一方面督促我们完成足够的阅读量，另一方面让我们将通过阅读收获的知识进行输出。小学时期，在老师的指导和兴趣的驱使下，我进行了多样化的阅读，这让我在拥有自由想象的同时，获得对文字较为敏锐的感知，并拥有了较强的写作能力。遗憾的是，小学时候读的大多是叙事文章，对议论性文章的接受度较低，后期转向阅读议论性作品时的难度较大，时间较长。即使是现在，虽然需要也愿意阅读故事性较弱、议论性较强的书，但我依然对小说怀有更深的情感。

就个人感受而言，在性格、价值观上，小学时的阅读练习让我拥有更自由的想象，以更细腻的情感去面对生活，学会捕捉生活中的美，学会更细心地关照身边的人。在能力方面，那个时期的阅读锻炼了我的阅读理解、写作能力。具体来讲，在小初高阶段，阅读的积累让我更容易理解学习或考试中的文章，并让我在写作的过程中更有条理、更有逻辑。在大学阶段，因阅读而较为丰富的想象力帮助我更好地面对学术研究，让我能够较快地领会现象背后可能存在的普适性结论，也逐渐帮助我建立了学术研究的兴趣，树立未来目标。从前、当下、未来，阅读与想象参与了我的学习、工作、生活，并给予了我灵感与力量。它们是我人生路上无法割舍的行囊。

高铁上，车窗外的风景依然一帧一帧地变换。如果人只能独自踏上荒原，开启征程，那么指引我的一定是阅读与想象。

郭陈韵（中山大学）

2021年4月23日

学理工也要学好语文

虽然大学我学的是理工科，但对我来说，小学时期的语文学习带给我多方面的益处。尤其是大量的阅读对我中学乃至大学的学习生活带来了很大的影响。一是在阅读文章时，能更好地把握文章的核心，快速领悟其主旨。二是杨老师每周三组织的读后感带来的对写作能力的提升，对写中学的作文和大学的演讲稿有很大的帮助，使我形成了自己的写作范式。三是小学一二年级时背诵的《小学生必备古诗75首》及后面更多的诗词，我至今都记忆犹新。这不仅对中学的应试教育有一定的帮助，还在很大程度上帮助我从古诗迁移到古文，学习古文中蕴含的人生哲理。另外，在优秀传统文化被逐渐重视的今天，掌握更多的古诗词、了解更多的优秀传统文化更是一个人极其关键的竞争力。

王培林（中山大学）

2021年4月23日

目录

第一章 "一点三圈"课内外阅读相结合模式的确定

第一节 低年级阶段：绘本、儿歌、童谣打开语文学习之眼（兴趣）··· 3

一、走进童谣，读出汉字韵律美，讲故事学礼仪 ················3

二、走进儿歌，识简单的字，读美妙的词，谱动听的曲 ·········4

三、走进绘本，识最短的句，赏最美的画，领最深的情 ·········7

第二节 中年级阶段：诗词、科普、故事涵养语文学习之趣（感情）··· 10

第三节 高年级阶段：小说、传记、古文浸润语文学习意志（品质）··· 19

一、学会阅读一本书，从小说的魅力中获得阅读的快乐 ·········30

二、阅读传记，汲取生命向上的力量 ························31

三、在古文的精练和深邃中生发智慧 ························32

第二章 "一点三圈"课内外阅读相结合模式的内涵

第一节 "一点三圈"课内外阅读相结合模式的理解 ·············41

一、进行整本书阅读 ····································41

二、读书要有选择 ······································43

三、阅读与写作密切相关 ·································45

四、阅读需要掌握技巧 ··································46

五、课外阅读与课堂关联 ·································48

六、阅读须做笔记 ······································50

第二节 "一点三圈"课内外阅读相结合模式的倡导 ······················· 52

一、"一点三圈"课内外阅读相结合模式倡导教师的写与记 ····· 52

二、"一点三圈"课内外阅读相结合模式提倡教师的读 ··········· 55

三、"一点三圈"课内外阅读相结合模式提倡教师情绪的愉悦 ··· 57

四、"一点三圈"课内外阅读相结合模式提倡教师少说，学生多

讨论 ·· 61

五、"一点三圈"课内外阅读相结合模式提倡教师的勤于跟踪和

多样评价 ·· 63

第三章 "一点三圈"课内外阅读相结合的基本模式

第一节 "一点三圈"课内外阅读相结合的基本模式概述 ················· 69

第二节 "一点三圈"课内外阅读相结合模式的评价 ······················ 72

一、用学生喜欢的方式去评价 ··· 72

二、关注过程性评价 ·· 73

三、总结性评价以展示、鼓励为主 ··· 74

四、阅读反思 ··· 75

第四章 "一点三圈"课内外阅读相结合模式的开展

第一节 统编版教材中专项阅读的设置 ······································· 80

第二节 低年级阶段课内外阅读相结合模式的开展 ······················ 83

一、多种形式，晨读经典 ··· 85

二、立足课堂，延展阅读 ··· 87

第三节　中年级阶段课内外阅读相结合模式的开展‥‥‥‥‥　94

　　一、由课文到课外阅读‥‥‥‥‥‥‥‥‥‥‥‥‥　94

　　二、开展专项课外阅读课‥‥‥‥‥‥‥‥‥‥‥‥　96

　　三、阅读之架助力阅读效率‥‥‥‥‥‥‥‥‥‥‥102

第四节　高年级阶段课内外阅读相结合模式的开展‥‥‥‥‥104

　　一、由课文到整本书阅读‥‥‥‥‥‥‥‥‥‥‥‥104

　　二、专项阅读"快乐读书吧"的开展　‥‥‥‥‥‥‥107

第五章　古诗词专项课内外阅读相结合模式教学初探

第一节　基于专家指引下的大单元认识‥‥‥‥‥‥‥‥‥119

第二节　目前古诗词教学现状‥‥‥‥‥‥‥‥‥‥‥‥‥120

　　一、每个课时都是孤立的"课时主义"‥‥‥‥‥‥‥120

　　二、古诗词教学的意义和作用被应试化‥‥‥‥‥‥‥120

第三节　对统编版小学语文教材中古诗词的梳理和分析‥‥‥122

　　一、对统编版小学语文教材中古诗词的梳理‥‥‥‥‥122

　　二、对统编版小学语文教材中古诗词的分析‥‥‥‥‥122

第四节　统编版古诗词整体教学思考与实践‥‥‥‥‥‥‥125

　　一、以"责任"概念的育人价值开展任务学习‥‥‥‥125

　　二、跨越学校和生活之间的鸿沟，让知识活起来‥‥‥127

参考文献‥‥‥‥‥‥‥‥‥‥‥‥‥‥‥‥‥‥‥‥‥138

后　　记‥‥‥‥‥‥‥‥‥‥‥‥‥‥‥‥‥‥‥‥‥142

"一点三圈"课内外阅读相结合模式的确定

很多教师很怕9月，不仅仅因为是开学季，更是担心自己会被分配去教一年级的小朋友。这个担心不是多余的，作为教师的我们都知道，一个学期最忙的两个时间段就是开学和期末，开学做了多少计划，期末就要对应完成多少总结。一年级的教师不仅要完成这些，更重要的是要把一群小朋友变成小学生，这需要一个漫长的过程，可能是一个月，也可能是两个月或许更久。凡是经历了一年级教学的教师尤其是班主任，成长是极为迅速的。我们经常戏称，没有教过一年级的教师，教学生涯是不完整的。后来，大家反倒主动去接手一年级，虽然辛苦，但这种"地基"一旦打好，未来受益的就一定是自己和自己的学生。

　　做一个柔和优雅的教师是我们的美梦，在编织美梦的路上一定会有方法，关键在于我们怎样去寻找。

第一节　低年级阶段：绘本、儿歌、童谣打开语文学习之眼（兴趣）

一、走进童谣，读出汉字韵律美，讲故事学礼仪

低年级阶段的小学生很吵，不懂"规矩"且精力旺盛。怎么让"小学生"安静下来呢？那就是给他们找事做。排队的时候，一起读儿歌立刻就整齐了；回到班里听录音，声音立刻就跟着录音走了。教师还没到班里，小学生一起读童谣，整整齐齐把半本书都能读完，他们读得不亦乐乎，教师在管纪律上也少操心，重要的是每次学校领导来检查都能看到班级整整齐齐读书的样子，自然也没有纪律分数可扣。

真正发现"读书"的魅力，源于怎样管好这群叽叽喳喳的小学生。发现这个"秘密"后，我们趁热打铁，把"读书"当作每天必须做的事情，读书的时候安安静静，每一张扬起的小脸都充满着期待，每一双小眼睛都发出渴求的光芒，每一张小嘴里都含着无数个小问题。这远比课上教师喊"小耳朵，认真听；小眼睛，看老师；小嘴巴，闭上它"舒服、美好多了。

2008年9月开学的第一天，我带着学生读了一天的儿歌："太阳当空照，花儿对我笑，小鸟说：'早早早，你为什么背上小书包？'我去上学校，天天不迟到。爱学习，爱劳动，长大要为祖国立功劳。"有时

候，我们在实际运用时会稍微改一下，最后一句会读成："老师夸我好宝宝。"每次学生在读到"好宝宝"的时候，我都会把"大拇指"送给他们，他们就会提醒自己做得更好。现在的统编版语文教材把这首儿歌纳入一年级上册教材"我上学了"的第四页。

每周一要升国旗，刚成为小学生的孩子，在操场上哪里站得住，还要坚持听国旗下的"讲话"，又不能发出声音。于是，在班会课上，我朗读课文《升国旗》："五星红旗，我们的国旗，国歌声中，徐徐升起，迎风飘扬，多么美丽。"国旗的来历、国旗教育等对一年级的小学生来说，理解是模糊的，但这样的朗读能让他们将模糊的理解转化为真实的行动，在潜意识中，他们心中的国旗就会变得神圣而庄严。在目睹国旗冉冉升起时，他们便会带上一份严肃和自豪。有时候放学，我们会看到有小学生在飘扬的五星红旗下敬礼。这时候，他们的心中有了更多的期待，期待了解和学习更多关于国旗的知识和故事。于是，我又把一年级上册后面的一篇课文《我多想去看看》带着他们一起读起来："妈妈告诉我，沿着弯弯的小路，就会走出天山。遥远的北京城，有一座雄伟的天安门，广场上的升旗仪式非常壮观。我对妈妈说，我多想去看看，我多想去看看。"李镇西校长说："好的教育莫过于感染。"《李镇西校长手记2》中指出，少些说教，多些示范，让学生在朗读中浸润、在阅读中成长，教育其实很简单。

二、走进儿歌，识简单的字，读美妙的词，谱动听的曲

有人会问：为什么在学习拼音前和拼音中加入大量的儿歌、童谣？对于刚入学的小学生来说，会不会太难？我很自豪自己所在的是一所有着人文底蕴、开放包容的品牌学校，它给了我们自由实践和探索的空间，不会死板地要求我们一定要在多少周之前完成拼音教学，不管学生学得怎样，只要进度。这一点，我们深怀感激和庆幸。

在这里，不得不说一说拼音学习，从幼儿园无忧无虑到进入小学成为小学生，无论是从行为习惯、生活作息，还是学习内容上，学生的转变都是巨大的，尤其迎头就是拼音学习，这对学生来说无疑是培养语文学习兴趣最大的障碍。南方地区，学生发音普遍分不清平翘舌音：z、c、s和zh、ch、sh，所以，在学习拼音的时候，教师一遍遍地用口型、舌头抵在哪个部位教学生发音，这不仅使拼音学习更加抽象，也无形增加了拼音学习的难度。这种抽象的学习，小学生根本无法接受，不仅欲速不达，而是适得其反，学生不仅学不好拼音，还会丧失对语文学习的兴趣。汉语拼音的主要作用是辅助汉字拼读，我们可以提供汉字发音的线索。

研究表明，拼音可以帮助学生自主学习不熟悉的汉字。当学生不知道如何读写中文时，可以使用拼音，这样可以提前培养学生的阅读和写作技巧，教师可以把更多的时间和精力放在拼音教学上。但拼音教学也表现出一定的副作用。一些教师反映，拼音学习增加了学生的学习负担，并且学习拼音让学生觉得无聊，甚至影响了学生后续学习汉字的学习动机。此外，在传统课堂教学中，阅读材料的注音方式也不影响学生学习的效果。由此可以看出，放手让学生先识字，由认识的汉字带动学习拼音，再将学习到的拼音运用在汉字中，对学生和教师来讲都是一件好事。小学低年级阶段学生以识字为重点，倡导"多认少写"的识字写字理念，目的就是"尽快地提高中小学学生的阅读水平"，"在语文的学习中，学生应该学的是汉字，而不应该把帮助识字的工具（汉语拼音）作为主要学习对象"。从我的实际教学情况来看，在学习拼音前，我已经带着学生把拼音下面的汉字儿歌读得滚瓜烂熟，此时的他们已经认识了很多生活中常见汉字。无论学习的对象是什么，有一点不能否认，就是教师要始终保护甚至激发学生学习的兴趣，否则就是南辕北辙。

　　除了课文中的儿歌，经典"童谣"也很受学生的喜爱，其朗朗上口的节奏、动听的韵律、背后的故事都吸引着充满好奇的学生。比如，在读《声律启蒙》"人间清暑殿，天上广寒宫"时，我给学生讲嫦娥和玉兔的故事；在读"颜巷陋，阮图穷，冀北对辽东"时，我给学生讲颜回和阮籍的故事。在这个过程中，学生不仅巩固了拼音，认识了更多的汉字，也打开了他们学习语文的视野，原来语文是那么有趣，藏着那么多无穷的秘密，语文开启了他们对世界的认知。

　　学校一般会设有早读，如第一节是8：30上课，学生8：00到校，中间半个小时就是早读的时间。一年级的学生读什么呢？没到一个月，课文里学过的、没学过的课文，学生就读得滚瓜烂熟了，再读下去学生就会失去兴致。于是，我将薛瑞萍、徐冬梅、邱凤莲老师的《日有所诵》融入日常学习，每日由班长带着学生读，读五六篇后就合上书背诵，低年级阶段学生不仅记忆力惊人，想象力也出奇的好。一年级的罗捷小朋友把教师上课的过程写成了一首可爱的小诗。

学"ue"

蓝蓝的天空上

有什么？

他说："有一个月亮。"

她说："有一个月亮。"

蓝蓝的天空上

有什么？

他说："有一个很美很美的月亮。"

她说："有一个弯弯的月亮。"

她又说："有一个很美很弯的月亮。"

蓝蓝的天空上

有什么？

老师说："你们真棒！说得真好！"

"月"的声就是"ue"的音。

蓝蓝的天空上

有什么？

其实我早就知道：

蓝蓝的天空上

有一个银色的月牙！

学生在读"小猫拉车，老鼠不坐；黄鼠狼拉车，小鸡不坐；灰狼拉车，山羊不坐；老虎拉车，谁也不坐。"声音刚落，我走进教室说"老师来拉车"，学生快速做出反应："我们来坐。"一片笑声在课室里回响。

三、走进绘本，识最短的句，赏最美的画，领最深的情

一年级一周有九节语文课，给我们一起读课外书带来了方便，学校没有要求上阅读课，但绘本在班级里受到追捧和热爱，这也成了我奖励给学生最好的礼物。一周一节不固定时间的绘本阅读课，让学生对我"言听计从"。入学的时候，有的学生没有和要好的幼儿园伙伴分到一个班，心里很难过，我给他们分享《大卫上学去》《小阿力的大学校》；有的学生不愿意接纳和他们不一样的特殊学生，我给他们讲《猫头鹰喔喔呼》；父亲节到了，我和学生分享《我的爸爸》《和爸爸一起读书》；三八妇女节，我和学生分享《我妈妈》；分享如何与小

伙伴相处的《同桌的阿达》；分享如何控制自己情绪的《我变成一只喷火龙了》。这样，即便是在课间也能看到三三两两围在一起、手捧绘本的学生。欣赏着图画，他们会和教师上课一样，从美丽的画面中猜测下面的故事发展。每次结果得到印证时，他们都会欣喜若狂。有的绘本，如《犟龟》《石头汤》等会被学生反复阅读。学生读绘本书后，学会了欣赏美丽的插图，学会了细致观察插图，并从隐含的画面中猜测故事情节，养成了预测故事情节发展的好习惯。

阅读成了我们语文学习中不能缺少的部分。我们一起把读过的书进行整理并分享设计成班级阅读创意卡，无意中获得了广州市的不少奖项。

图1-1　部分荣誉证书

二年级的时候，学生早读的内容除了《日有所诵》外，《弟子规》《三字经》《百家姓》等也成了学生的好朋友。开始的时候，学生一起听录音发音，后来就小声地跟读，再后来完全不用再听读了，朗朗上口的节奏成了我们对话的桥梁。《弟子规》《三字经》《百家姓》《声律启蒙》学生都读完了，拼音的学习不仅没有成为我们的拦路虎，反而成就了我们的大量阅读。

江苏师范大学李昌集教授说，有声语言是文字语言的基础。放声读作品，就是将文字语言回归到语言的原初形态感受和理解，从而更全面地体会语言的种种内涵，感受语言的声音之美。所以，放声朗读是语文学习的入门功夫。在阅读中尝到甜头的学生，无意中锻炼和培养了朗读表达能力。这一点，在后来的古诗词学习中，让他们深有体悟和收获。

第二节　中年级阶段：诗词、科普、故事涵养语文学习之趣（感情）

　　家庭教育和学校教育是"教育之车"的两个轮子，它们互为补充，缺一不可。如果两个轮子不协调，车子就会跑偏，所以在子女成长的漫长进程中，父母也需要学习，和孩子同步成长。我们的家长会总是很成功，因为我们拥有高度支持学生成长的家长，且他们都付诸行动，不仅营造了家庭良好的读书环境，也为学生购买了大量教师推荐的读物。学生每天读儿歌、童谣，讲绘本故事给家长听，家长给予学生热情和鼓励，陪伴着学生一起学习和成长，低年级阶段的学习就这样在阅读与朗读中快乐地度过。

　　学生三年级能否愉快、有效地阅读，关系到其之后阅读能力的长远发展。既然在学生的阅读成长过程中，三、四年级在阅读心理上、阅读能力培养上占据如此重要的地位，那么阅读该如何开展呢？中年级阶段教学不论是在课程设置、知识内容、学习任务方面，还是在学生接受认知等方面，都明显与低年级阶段不同。

　　中年级阶段语文课时量减少，由一年级的每周9节课减到了每周7节课，而且学习任务也有所增加，早读要有一定的时间读课文，每周5天的早读要有3天分给数学和英语。更重要的是，中年级阶段学生开始有了期末成绩的压力。随着学生年龄的增长、认知能力的提升、知识量储备的增加，儿歌、童谣、绘本已不能完全适应他们的学习特点，满足不了学生对大量阅读的需求，尽管在低年级阶段我们有订阅报纸，也进行除绘本外整本书的推荐和阅读，但还是以儿歌、童谣、绘本等为主。这些变化使我思考：我该从哪里找时间带学生去读更多的书，读哪些书，怎么去读书，等等。

　　一次偶然的机会，我承担了区里的公开课"尊严"、市里比赛课"生命生命"，两节精读课文我都是用了一个课时（40分钟）完成的。当然，在这个过程中，有专家的引领、有备课团队的智慧，但为我"如何提高课堂效率、留出更多的时间去阅读"指明了方向。经过实践，我发现，学生阅读素养的提升，仅仅依靠课时、课堂内的阅读是远远不够的。阅读的重要性在于让学生成为"读书人"，因此必须超越小学语文课本的界限。2011年，我对这种想法进行了浅尝初试，以《构建课内外阅读相结合的课堂》为题，将想法和做法发表在广州市黄埔区《书海拾贝》小学卷第8集下册第44~47页，并在兄弟学校对全区语文教师做了分享和展示。当时，提出这种想法的依据很朴实，也很简单，就是依据2011版新课程标准提出的：小学阶段的课外阅读总量不少于145万字。2011版新课程标准在"实施建议"中特别强调：培养学生广泛的阅读兴趣，扩大阅读面，增加阅读量，提倡少做题，多读书，好读书，读好书，读整本的书，鼓励学生自主选择阅读材料。2011版新课程标准是最基本的要求。各地、各校要立足学校特色、学生心理、个性需求等建立适应和促进区域经济发展的新课程体系，即进行平衡性课程的构建。作为一线沿海城市，学生的知识、视野、素养起点都比较高，对教师的教学是一种挑战：如何在有限的时空中达到并超过这一目标；如何改变课堂阅读死抠教材，课外阅读放任自流的局面？

　　通过区公开课"尊严"、市里比赛课"生命生命"两节课的备课过程，我发现两节精读课文都可以高效地用一个课时完成，如果按照常规的教学进度，每篇精读课文是两个课时，这样一下就省出两个课时。这两个课时甚至更多的课时，不就是我们自由发展个性、徜徉阅读海洋最好的机会和时间吗？在这个过程中，我建构了课内外阅读相结合的教学体系。为了提高效率，课内我注重教给学生阅读方法，使他们提高阅读能力、增强阅读兴趣，并把课外阅读也纳入语文课堂，给学生提供积极展示、评价和促进的舞台，建构"一体化"的语文课堂。这样，能避免语文课堂围绕着几本教材进行反复教学，做出从"教教材"到"学语文"的转变；杜绝练习题和试卷反复做，不要"多做题"而要"多读书"。后来，陈峰博士认为"这种教学内容的拓展，成就着'大阅读教学'的新主张"。

在一次偶然的深圳学习中，我接触到了深圳刘宪华老师的主题阅读，粗略了解到刘宪华老师实验组的思路和做法。回来后，我确立了依托教材、以单元为主题开展"多读书"的做法。我先对当时人教版的小学语文教材进行分析，对每个单元的内容确定了单元主题，这些主题有：①历史的经典，如爱国志、故乡情、民族魂等；②时代的热点，如生态平衡、保护环境、新兴科技等；③社会的焦点，如战争与和平、人际交往等；④做人的要点，如自立、诚信等。这些单元既有课程标准赋予的语言能力训练要求和要素，又有丰富的人文素养、社会伦理、科学前沿、时代特征等素养内涵，体现了语文的综合性。当时，除了对教材的分析外，我还把刘宪华老师主编的补充教材，列入了主题阅读书目推荐清单。

"主题阅读"不是一个新词，在中国的教育史上，远有大语文主题阅读，近有新语文主题阅读。当时，我的"主题阅读"和新语文主题阅读理念一致，它是一种以教材主题为主线，将课内阅读和课外阅读有机结合在一起的阅读方法，由课内习得迁移到课外应用，让阅读实现"得法于课内，得益于课外"。当时使用的人教版教材，已明确它的单元组合都是每个单元围绕一个主题进行，包括相关配套的"同步阅读"，都在努力实现主题阅读。因此，以主题和单元为切入点的统揽式教学设计，能够达成阅读素养提升的先在意图，"一课时一篇课文+"的教学安排，成了当时我的语文教学常态。例如，一个单元有4篇文章，《主题读写》读本中有中外现代美文8篇，《经典诵读》中有古今中外的经典诗文6~15首，共18~27篇文章组成了同一主题的大单元。原人教版三年级下册第五单元的单元主题是"爱在心窝里"。教材里的4篇文章是《可贵的沉默》《她是我的朋友》《七颗钻石》《妈妈的账单》，《主题读写》里有《因为爱你》《感恩的心》《守护》《充满爱的眼睛》《风雨中的菊花》《看不见的爱》《美丽的谎言》《第一次抱母亲》，《经典诵读》中有《北郭闲思》《伯牙绝弦》《友谊地久天长》《母亲的爱》《母亲的歌》《用目光倾听》，围绕"爱在心窝里"这一主题，有20篇文章可用来学习，这就更加容易落实"多读书、好读书、读好书、读整本的书"的教学目标。学生根据兴趣，可以自由多读。

实际上，我们对"主题阅读"的理解和实践还只停留在表面上。一篇课文学完了，在时间紧张的情况下，往往也就结束了，若还有时间，就拿来同主题的两三篇文章让学生随便读读。这种情况和课时紧张等有关，最重要的是和教师的教学思想、理念有关。若想把主题教学课上得扎实、到位：一是教师要转变思想，不要死抠教科书，要全面、细致地进行分析，而要抓住这篇课文的独到之处，就是教给学生学此类文的读书方式；二是教师自己要多读书，"腹有诗书气自华"，只有自己读的书多了，才有底气教学生，才能设置出有价值的问题；三是教师要勤奋备课，积极准备，以教科书上的主题为点，拉起长瓜的这棵秧，剔除多余的叶蔓，留下精华，再教给学生用正确的方法品尝精华部分。即便如此，课外阅读对提高学生语文素养的重要意义使我们清楚地看到，我们现在给学生提供的阅读资料仍是肤浅的，而且是远远不够的。

特级教师李怀源老师说："在教育领域不要试图去创造什么，要多从传统教学中汲取营养，着眼于学生的进步与发展。"这种说法得到了崔峦老师的赞同，同时对吾辈也是一种警醒。我们经常为申报什么课题绞尽脑汁，为能在教育领域创造属于自己的东西艰辛前行，恰恰忽略了我们要做的就是能用前人或他人的研究成果促进学生的进步和发展。于是，我在借鉴新主题阅读成功经验的基础上，结合学校、黄埔区学情，从基础做起，"依托教材，立足课堂"，在培养学生阅读与表达上努力进行突破。以人教版四年级语文下册课文为例，我采取了以下阅读策略。

一是根据内容，指导学生阅读相关的文章。例如，人教版四年级下册第八单元"故事长廊"第31课《普罗米修斯》（这篇课文现为统编版四年级上册第四单元神话单元第14课），这是一篇古希腊神话故事，整个第八单元文章的主题是"故事长廊"，安排的都是古今中外的经典故事。在这样的大主题下，我们可以把《普罗米修斯》设为一个小主题，使它成为了解古希腊神话的一个切入点，通过普罗米修斯这个神话故事人物，让学生认识更多经典的希腊神话人物等。这样的整合不是简单介绍古希腊神话传说和几个人物让学生课后阅读，而是把希腊神话传说中的经典（情节或人物）恰当地融入《普罗米修斯》的课堂教学中，其实就是把普罗米修斯放到希腊神话传说中认识。通过文章的相关语句及学生的想象，体会到普罗米修斯的坚强不屈和正义，如课文的第七、第八自然段，描写他所受到的折磨。文章中一笔带过的人物太阳神阿波罗是一个非常重要的线索，我在课堂上补充了太阳神阿波罗的资料，学生讨论了太阳神阿波罗的本领，这些可以进一步使学生感受到神话的魅力。

为了保障课外阅读时间和阅读效果，一周后开展读书汇报会进行分享交流。（课外阅读积累表为过程监测和评价载体）

　　二是根据文体，指导学生阅读同类型的文章。在学生学习了某种文体的课文后，我向学生推荐同类体裁的读物，指导学生运用课堂上学到的阅读方法进行课外阅读，以达到课内得法，课外受益的效果。例如，人教版四年级下册第一单元"走进祖国的万水千山"主题，在学习《桂林山水》和《七月的天山》等文章时，我拓展了同步阅读《青海湖，梦幻般的湖》《迷人的夏季牧场》等。第一组课文语言生动优美，展现了一幅幅富有诗情画意的情境，在学习《桂林山水》时，我通过抓排比句、比喻句等，让学生感受了桂林水和山的特点，并通过朗读，让学生品味感受语言的魅力后，我出示《青海湖，梦幻般的湖》中的优美片段："我的眼前，一片镶着露珠的绿茵茵的草滩，草滩上生长着一垄垄黄灿灿的油菜花，在这绿色和黄色的背后，又衔接着一派无边无际的蓝色的湖水，那草滩的绿，绿得娇嫩，那菜花的黄，黄得蓬勃，而那湖水的蓝，又是蓝得那么醉人啊！它蓝似海洋，可比海洋要蓝得纯正；它蓝似天空，可比天空要蓝得深沉。青海湖的蓝，蓝得纯净、蓝得深湛，也蓝得温柔恬雅。那蓝锦缎似的湖面上，起伏着一层微微的涟漪，像是尚未凝固的玻璃浆液，又像是白种人的小姑娘那水灵灵、蓝晶晶的眸子。"通过让学生反复品味，引导学生进一步感受修辞手法在形象描写景物中起到的独特作用，感受大自然的美。主题阅读争取每一篇课文都能在外延上得到充实和巩固，即每一篇课文都有相对应的补充阅读，这个补充阅读根据课堂和实际情况或放在文中穿插进行，或单独检查学生对课堂学习方法的掌握情况进行反馈。

　　李白的《独坐敬亭山》、刘禹锡的《望洞庭》、白居易的《忆江南》是人教版四年级下册的一组古诗。在教学中，我初步尝试了开放性的主题阅读方向探索，就是不规定一个主题，给学生提供几个小主题方向由其所好进行选择。学生可以合作搜集描写自然风光的诗句，可以对感兴趣的作者做进一步了解，可以了解《忆江南》的另外两首词等，这样的做法让学生有更多的选择余地，尤其他们能按自己感兴趣的方面进行学习，极大地调动了他们的参与热情。同时，我以课文为点让学生真正感受到了语文文化的博大和宽度，而不仅仅是一本语文书上承载的内容。

三是根据作者，指导学生阅读系列作品。一般来说，在学生学习了某位作者的文章后，我会让学生课外再去阅读该作者的其他文章或相关资料，在增加阅读量的同时能够加深对这位作者、作品内容的理解和对他（她）写作风格的把握。但有一些文章往往在学习之前对作者进行详尽的了解，会对学生理解文章中心和表达意图起到更好的作用。比如，人教版四年级下册第五单元第19课《生命生命》，作者对生命的思考、对人生价值的追求感动了无数人。但作为学生来说，他们正处于幸福的生活中，他们短暂的生活阅历，使他们根本没有办法体会生活中显而易见的"瓜苗生长、手中飞蛾、心脏跳动"等小事情给作者带来的巨大心灵震撼，这些何以让作者杏林子如此大发感慨呢？我曾经平平淡淡地教过这篇课文，直到有机会比较全面地了解了杏林子这位作者和她的文章后，我才知道，这篇文章中的每一句话都饱含着她对生命的热爱，都倾注着她对生命的敬畏。所以，当我重拾这篇文章时，眼前呈现的就不再是文章，而是杏林子一生与磨难相抗衡的画面。我把这种感动写成文章与学生共享，他们带着"这真是个不可思议的生命"的感叹，再去品味《生命生命》这篇课文时，就会明白杏林子为何如此珍爱生命，又为何发出"人生短暂、要在有限的生命里体现无限的价值"的感慨。内容、文体、作者三者相依相扶，可以以其中任意一项开展主题阅读，更多时候是三者有机结合进行拓展，当然也不必局限于这三种。总之，无论哪种形式，我们的目的都是千方百计地提升学生的语文能力。

对于与课文相关的整本书课外阅读，一般我会设为必读书目，除必读书目外，还会有选读书目。必读书与选读书的设置、阅读的指导，将在第二章详尽阐述。根据不同年龄段学生的心理和脑科学,三、四年级的学生正处于科学探究欲望极强的年龄段。按照广州市南方分级阅读的建议和指导以及推荐的书目,三、四年级我推荐了大量科学探究、科普类书籍,使学生对科学的探究和热爱、对科学家的崇拜和敬佩、对未来社会展开的想象、对学生语文素养的形成、对学生"完美人格的"培养都有很强的促进作用。在古代,语文课就是人生课,是一门教儿童"做人"的课,它里面盛放的是人的故事,是自然与伦理道德,是情感美学与理想人格⋯⋯

中年级阶段的语文早读一如既往充满琅琅的读书声,三年级全班共读《小学生必备古诗80首》。"放声朗读是语文学习的入门功夫",随着年龄的增长,低年级阶段时的放声朗读体现出特有的优势,那就是无论学生拿到什么课文,都可以流利地一遍朗读下来,课堂上插入补充的课外材料,基本上不用担心学生读得结结巴巴。一年级上学期的时候,我带着学生执教公开课人教版《小小的船》一文,学生发挥出极大的想象力并在歌唱中体会"闪闪的星星蓝蓝的天"是多么美好的画面。我把这节课的九个生字藏在一段自己编的文段里,大部分学生都能准确无误、流利地一遍读完。"放声读作品,就是将文字语言回归到语言的原初形态来感受和理解,从而使学生更全面地体会语言的种种内涵,感受语言的声音之美。"这种日积月累的熏陶和感染,使学生能很快捕捉到文段中隐藏的情感,并用自己的语言和朗读表达出来。朗读《小学生必备古诗80首》时,学生就像对其已经很熟悉了一样,该明快表达喜悦的古诗读得轻快活泼,该严肃明理的古诗读得庄重沉稳,写儿童之乐的古诗又能读得俏皮可爱。每次负责巡查早读的教师经过时,都会驻足听一会儿,然后感慨道:为什么我们班一齐读书时就拖腔拉调呢?基本上无论哪个部门来检查,我们班的早读都不会被扣分,即便偶尔被扣了分,小班长也要追登分的小队长弄清楚为什么要扣分,扣了哪里,然后回来

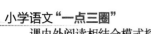
自行整改。这些做法或者说能力我从来没有特意教过学生。我认为，学生所有的精气神就是从大量朗读、阅读中来的。

图1-2　部分荣誉证书

上课铃响前的两分钟是学生课前预备时间，这两分钟我们用来分享故事，有时候是我给他们读《朗读手册》的内容，有时候是他们自己分享正在阅读的故事。我在读《朗读手册》的时候，经常把一个关键情节或者关键故事讲了一半就上课了，学生虽意犹未尽，但央求无效，只能迫切地盼着下节语文课的课前两分钟。学生也和我一样，课前分享相关书籍，吊足了同学们的胃口，最后大家纷纷自己去买书来读。海明威说："鸡蛋从外部打破是食物，从内部打破是生命。人来自外部力量是压力，内在的迸发是成长。"人生是一个不断成长的过程，成长就是用自己的内在力量去打破束缚，束缚的作用在于激发个体的内在力量。

第三节　高年级阶段：小说、传记、古文浸润语文学习意志（品质）

　　语文教学不仅要教给学生基本的知识和技能，还要站在文学、文化的角度带领学生畅游语文园地。如果我们能从教材的单元主题出发展开教学，那么这个人文主题的教育意义会在课堂上生发出新的意义：引发学生爱读书、会读书。这确实需要教师把一篇文章解读清楚，解读出味道，更需要教师从教材的整个体系对文章进行整体把握，从整体出发将文章解读清楚。只有这样，我们才能从教材、编者的角度使用教材，才能从作者写作的角度理解教材，让教者与作者、编者的意图"三位一体"地融入教学。这样的阅读教学，无形之中帮助学生提升了阅读学习的格局：重视教材，但不把教材当作不可超越的"宝典"，而让学生跳出教材学教材，跳出课本学语文。我们立足教材，关注平时，关注过程，扎实开展阅读教学，拓宽学生视野，提升学生语文素养。

　　当学生理解了教者、作者、编者"三位一体"的意图时，他一定既是一个有强烈阅读需求的读者，又是一个会深度思考的思想者。

　　阅读对于学生成长具有重要意义，学生语文素养的形成和发展是靠广泛的阅读读出来的。教育之路因学生的千差万别而五彩斑斓，但也困难重重，无论如何我们都要培养学生的阅读习惯，为他们的一生"打底子"。

当家长处于困惑时，我果断召开家长会，用理论和实例与家长共同回顾了几年来大量阅读给学生带来的好处和变化。阅读可以成就学生的一生，阅读是语文教学的根。学生阅读过的书目及其智慧，如同人成长的沃土。阅读能力、阅读习惯的"根系"支撑着阅读者的思维、智慧和精神营养。小学阅读教学就要"培土""生根"。著名教育家苏霍姆林斯基用实际行动证明：学生语文素养的形成和发展不是靠做习题"做"出来的，而是靠广泛的阅读"读"出来的。

教育家朱永新也说："如果我们的孩子在十多年的教育历程中，还没有养成阅读的兴趣和习惯，一旦他们离开校园就将书永远丢弃在一边，教育一定是失败的；相反，一个孩子在学校的成绩普普通通，但是对阅读产生了浓厚的兴趣，养成了终身学习和阅读的习惯，一定比考高分的孩子走得更远。"家长不能因为眼前的困难，使学生失去学习的乐趣，变成学习的机器，正值"叛逆期的孩子"一味地被逼着去学习，不仅增加了心理压力，也会激化家庭矛盾。

温儒敏教授曾这样说道："语文教学的效果好不好，不只是看课内或考试，很大程度上要看课外，看是否培养了阅读的兴趣与习惯。语文教学除了学习知识，提高能力，还有更重要的，是培养高尚的读书习惯，把阅读作为一种基本的生活方式来培育。培养阅读习惯是为学生的一生打底子。"

判断语文教学的结果，最重要的是看学生是不是爱看书、会看书、主动看书，是不是广泛读不同的、整本的、成系列的书，是不是享受阅读的读书人。当然，家长、学校和小升初要的分数也是一种结果，这是不可回避的现实问题。得到了家长的理解，教师更要有所行动，有所作为，把语文学习和读书紧紧关联在一起，既要有接地气的实实在在看得到的好成绩，又要有仰望星空的美好和憧憬，让阅读成为助力语文学习的一双翅膀。

教师的作为该在哪里呢？我认为，首先要转变教学思想，语文教师的阅读教学课堂，精读课文往往要用两个课时，甚至略读课文也不敢放手，将一篇课文掰开了揉碎了反复地讲，组织学生进行平推式的学习，从题目、作者、开篇、结尾，字、词、句、段的划分，文章结构、中心思想……没有一处不兼顾到。这样的课堂做不到"有取有舍"，因为教师不敢舍，统统拿来，统统讲，一个知识点都不敢漏。不敢舍弃的原因有很多，对学生自主学习的不信任，对课堂进度的难以把控，对固化的教学流程和模式的依赖，等等。这样的"满堂灌"将课文分解得支离破碎，毫无美感可言，学生机械、被动式接受，对语文学习丧失兴趣。李希贵说：因为语文是学出来的，不是讲出来的，所以我们要给老师引导，不要讲得太多，主要让学生自己去学习。

当下普遍的阅读教学，教师常常偏重学生敏捷应答的细碎认识，无暇培养学生深刻全面的思维品质，想要人文意义开掘一次到位，这就淡化、弱化了学生思维和语言能力的培养。

因此，在课堂内读读、讲讲、问问、练练成为形成无法改变的教学习性时，教师只有把阅读课堂当成训练阅读能力的场所，课外才是阅读实践的阵地。课外的阅读实践在教师那里，说起来重要，做起来不重要，而且学生也受到这样的暗示指引。

随着新课改的深入，课外阅读对于学生成长的重要意义已经尽人皆知。当时，我们经常告诉家长和学生要多读课外书，但很少为他们开列书单，家长和学生很茫然，提到读好书，家长更是在浩如烟海的书里蒙头转向，不知所措。不是教师不推荐给家长读书的书目，有很多教师根本不知道怎么推荐。即使推荐了，也没有针对读书的指导，更没有反馈，这让学生怎么读？（方法）读到了什么？（收获）一概不知。如果说一二年级学生我们可以让他们随意读，只要有读的习惯、在读书，为培养其兴趣、营造读书氛围，倒无可争议。但随着社会对学生认识观的影响，各种非主流书籍充盈市场，学生自己可利用的课外时间越来越少，教师对学生选择阅读书籍，指导学生阅读方法，以及了解学生对阅读的感受、收获，就显得愈加重要。

从三年级开始，我给学生列书单，书单有必读书目和选读书目，也有一些报纸杂志类等。为什么要列书单？常语说："开卷有益"。但事实上，开卷真的有益吗？尤其对未成年的学生来说，选择读什么书十分重要。有一段比喻我认为说透了择书的重要性："仓库里藏着各色各样的东西，一个人不能完全拿来使用。各色各样的东西太繁复了，一个人太渺小了，没法完全拿来使用，而且实际上没有这个必要。只能把自己需用的一部分取出来，其余的任他藏在仓库里。"同样的情形，一个人不能尽读所有的书，只能把自己需用的一部分读了，其余的不去过问。仓库里藏着的东西不一定完全是好的，也有霉的、烂的、不适合用的。你如果随便取一部分，说不定就恰好取了霉的、烂的、不适合用的，于你毫无益处。所以，进了仓库得注意挑选，非取那最合用的东西不可。同样的情形，一个人不能随便翻书。古人说"开卷有益"，好像不问什么书，你能读它总有好处，这个话应当修正。不错，书中包含的是人类的经验，但那经验如果是错误的、过时的，你也接受它吗？接受了错误的经验，你就上了它的当；接受了过时的经验，你就不能应付当前的生活。所以，书非拣选不可，要拣选正确的、当前合用的书来读，那才"开卷有益"。

在曾国藩眼里，只有经得起历史和时间检验的好书才是经典。"买书不可不多，而看书不可不知所择。以韩退之为千古大儒，而自述其所服膺之书，不过数种：曰《易》、曰《书》、曰《诗》、曰《春秋左传》、曰《庄子》、曰《离骚》、曰《史记》，曰相如、子云。"（《曾文正公家书》）

　　从古至今，读书要有选择已是不争的事实。对于如何选择书目，我的做法很简单，一个是到教育部基础教育课程教材发展中心找推荐的书，另一个是从《人民日报》《教育报》或者是教育行政主管部门推荐的书单中选择。现在，选择书目的平台就更多了，我们可以直接从广州市中小学智慧阅读平台上选择。必读书目一般是与语文课文关联密切，由语文课文的1+X衍生出来的整本书。选读书目来自教师、家长的推荐，或者学生自己挑选的，由家长、教师确认的可读的书。报纸杂志可以是家长为孩子订阅的，也可以是在学校订阅的。

　　有了推荐书目，教师的作为要先从自身着手。从三年级开始，我就一节课教一篇课文，一般情况下极少用两个课时去完成一篇课文。自然段标生字、生词，课文朗读，课后思考题等，我都让学生课前用自学的方式解决，课堂上或上课前回顾复习一下，将易错字词稍做提醒和强调后，上课就直奔主题，抓住标题、中心句、关键句、关键词，进行朗读、品味、讲解，然后加上语言知识的日积月累或者课外文章的阅读。在这样的整体设计中，经过低年级的学习，学生自主学习的能力增强，能够自主阅读课文，课堂上的课文学习方法也基本掌握。所以，简化精读课文的学习，不按照教材指引在三年级至六年级都分精读、泛读的传统安排，把精读课文学习压缩的时间预留出来。

　　预留出来的时间，选择泛读课文或者《同步阅读》课文或者必读课外书中的文章，按照精读课文学习的形式来学习，一节课学习一篇文章。教师也可以按照"一主两翼"的思路来自主编辑学生的读本。"一主"，即以教材为主体，以教材的单元主题为主线；"两翼"，即自主编辑与教材单元主题配套的《主题读写》《经典诵读》读本。一个主题统领三套教材并列的三个单元，单元主题好比一根"藤"，三个单元中的文章好比藤上的"瓜"，教师教学时，整体施教，以藤串瓜。学生在同一主题的引领下，阅读由课内引向课外，由文本引向文化。这种以主题引领的建构性阅读，不仅是对学生阅读兴趣的激发，对其阅读习惯的养成也是一种文化的自主建构，一种人文素养的提升。

以《地震中的父与子》教学片段为例，教师上课直奔主题，运用品读词句、联想画面、联系实际、用自己的话说或者写出来等阅读品味文章的基本行为套路，简称品味阅读"四件套"。课文中的字词属于学生自学的范围，教师不要花过多的精力，这可以养成学生自学课文、自主解决基本问题的习惯，课堂只是点一下重点生字、词语，然后直奔文章的主题。以下是引导学生阅读的教学行动案例。T代表教师引导的话，S后是学生的学习行为与回应，括号中的内容是陈峰博士的点评。

《地震中的父与子》教学片段

T：整体感知后，知道文章的主人公是谁？

S：父与子。

T：用心默读课文，看要求后再读书。（默读求理解，批注助聚焦；动作显现父亲形象，儿子言行展示品格；文章的中心抓准了，引导学生的阅读就不会偏离）

学习要求：默读课文，用"_____"画出描写父亲动作的词，用"﹏﹏﹏﹏"画出描写儿子的句子，并在所画出的句子旁写批注。

T：个别指导，抓重点词和呼号批注、文字批注。

T：让学生读一读描写父亲动作的句子。（从动作入手，铺垫对父亲角色的理解）

S1：大哭，我总会和你在一起。

S2：坚定地站起身来。

T：从这几个句子里你体会到了什么？（打开了学生的阅读想象、体验之门）

S：父亲坚信能够救出自己的儿子；很想救出儿子；不顾一切地想救

出自己的儿子；担心儿子，生怕儿子出现意外；为了救儿子十分执着。

T：你们用什么方法体会到了这些情感？（由结果追溯方法，强化阅读方法的引导）

S：抓关键词的方法、反复读的方法。

T：这些都是阅读中最常用的方法，我知道有人用三角号标记"冲向""跪""猛然想起""坚定地站起身"。再看描写儿子的句子，请同学读。

S："我告诉同学们不要害怕……因为你说过无论发生什么，你总会和我在一起……""不，爸爸，先让我的同学出去吧。我知道爸爸总会和我在一起。"

T：儿子几岁啦？谈谈你的体会。（引出学生的回答，体会儿子的形象和品德）

S：7岁，坚信爸爸会和他在一起，儿子先人后己的精神，儿子冷静并执着地等待救援，儿子坚定地相信爸爸。

T：这是一个什么样的孩子？

S：为他人着想的孩子，敬爱父亲的孩子……

T：刚才同学们所说的，在课文中也有一句话集中评价了这对父与子，是哪一句呢？

（紧扣课文抓关键句，实现学生个人理解和作者写作意图的深层对话）

S："这对了不起的父与子。"

T：这句话也是文章的中心句子。

S：（齐读）

T：你如何理解这句话的含义？如何理解"这对了不起的父与子"？（不是用常规的方法引导小组讨论，而是用"一对多"的方法引导，从作者的话再回到学生的理解中，实现和文本的二次对话，也意在

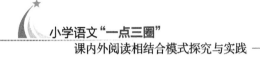

查明学生的理解程度和水平）

　　S：他们互相信任，父亲意志坚定，儿子危急之中冷静。

　　T：刚才同学们发言不全面，要用方法去理解，找到重点段，反映父与子的品质和情感，哪一段是重点段？这段既有对父亲动作的描写又有对父亲外貌的描写。（针对学生回答，再引导细读）

　　S：（读自然段）

　　T：用什么方法？把老师教给你们的方法都回忆一下。（固化方法和策略的运用，形成定型）

　　S：反复读，抓关键词，边读边想。

　　T：对，边读边想。怎么读？怎么想？请同学们试着读一读。（启发式问题，意在引起朗读的实践，引发同学的想象、体验）

　　S："他挖了8小时，12小时……"

　　T：读完后，大家有意见啦。（对学生读音和感情方面提出点到为止、引而待发的问题）

　　S：布满血丝的发音。

　　T：后半句，再读。（引发改进的朗读）

　　S："他满脸灰尘……"

　　T：每个人都来阻拦他，你想到了哪些画面？特别是"人"。（引导学生"回味"别人阻拦的镜头，再体会爸爸扒开废墟找儿子的艰辛）

　　S：在找儿子时候不管危险。

　　T：哪些人阻拦过他？出示段落，联系上下文想。（具体呈示消防队长、警察的劝阻，体会他们的语气和力度，渲染课文描写的画面以及父亲的艰难）

　　S：（男生、女生分开读）

　　T：女生读"消防队长挡住他"，他是这样说话的吗？男生再读。（指导读出消防队长、警察的语气）

S："太危险了……"

T：那为什么现在没有人来阻拦他？

S：因为他根本不听劝告。

T：为什么不听劝告？（抓住"不听劝告"的现象，抓住学生既有的"听劝告"的知和这里的"不听劝告"的行之间的矛盾冲突，让学生加深理解父亲行为背后的原因，更加理解父亲）

S：坚信能够找到孩子。

T：凭什么坚信能够找到儿子？（追问）

S：说过一句话。

T：什么时候说的这句话？（再追问）

S：经常、平日。

T：说话的语气是什么？再读。（读出平淡之中的坚定）

S：坚定。"无论发生什么……"

T：就因为这一句话，父亲不吃不喝，就一个动作——"挖"。他挖了36小时。（自读、读出感情，渲染）

T：就为了这句话，父亲挖了漫长的近40小时。请同学们读。

S："他挖了8小时……"

T：太快了，再来。（点出语速太快和感情不到位）

S：（读）

T：怎样知道父亲不吃不喝？（点出父亲的状态和难能可贵，助力学生理解）

S：（边读边想，展开想象）

T：父亲挖的都是什么？（导出父亲挖的对象的难，衬托父亲行为的伟大）

S：坚硬的瓦砾、石头、玻璃……

T：所以他"满脸灰尘，双眼……"，读。

S：（读）

T：甚至发生余震的时候，他还不放开，就是因为这句话，读。（渲染情绪，共情读）

S："无论发生什么……"

T：这是父亲对儿子的承诺和深深的爱，带着信任和感动，读这段话。（激发情感，升华读）

S：（读）

T：同学们，假如他就是你的父亲，为了挖到废墟下的你，他不吃不喝，没人帮他，没人理他，但他仍然不停地挖着，挖着。（配乐）此时你用什么心情读这一课？（移情自己，全情读）

整节课上设置不同类型的读，配置以不同的理解和任务，展现出品读重点段落和中心句的教学流程：按学习要求默读、批注—朗读父与子动作的句子，进一步体会—回答与朗读，以理解父亲的思想和儿子的形象—建构出父与子的形象（这是一对了不起的父与子）—重点段边读边想加深读、品味中心句—围绕"时间""阻挡的人""语气"体会父亲的不容易—理解"不听劝告"和背后的原因，再品读、体会父亲的了不起（时间、不吃不喝、环境）—再朗读描写父亲动作的重点段。

品读词句、联想画面、联系实际、用自己的话说或者写出来，教师灵活运用四种教学行为，引导学生品味文章中心，教给学生阅读方法。这四种教学行为互相融通，前后衔接，在并列推进中提高课堂教学效率，提升学生阅读素养。

在"联想画面、联系生活"的教学过程中，我有目的地引入或创设具有一定情绪色彩、生动具体的情境，引起学生一定的情绪体验，从而帮助学生全面深入地理解文章情感，使学生获得心理成长。这种教学方法来自江苏省特级教师李吉林老师的情境教学模式。情境教学模式最核心的部分是教学情境的创设，情境一般有生活展示情境、实物演示情境、图画再现情境、音乐渲染情境、表演体会情境、语言描述情境6种模式。根据现实语文课堂教学的需求，6种模式交互使用，以取得最佳的教学效果。

情境教学模式能够在语文课堂教学中通过情境创设引起学生心灵的激荡与体验。通过两个层面的情境创设，一是亲、助、和的师生人际情境，二是美、智、趣的学习情境。围绕以儿童为主体的活动与环境的有机统一，做到形真、情切、意远、寓远中的情境审美价值的展现。

在课堂上，我直接抓住关键句子"无论发生什么，我总会跟你在一起"，通过自己的语言渲染环境的恶劣和重重困难，引导"甚至可能发生余震的时候，他还不放弃，就是因为这句话，同学们再读这句话"。接着，继续引导"这是父亲对儿子的承诺和深深的爱，带着信任和感动，再读这段话"，让学生带着对父亲履行承诺和爱的尊敬，带着对父亲的坚定意志和不顾一切地挖废墟、找儿子的感动，在升华的感情中再读段落。在音乐声中，我继续引导学生的情感体验："同学们，假如他就是你的父亲，为了挖到废墟下的你，他不吃不喝，没人帮他，没人理他，但他仍然不停地挖着，挖着，此时你用什么心情读这一课？"这样的引导让学生移情自己，完全沉浸在教师渲染的情境中。学生想象那就是自己的父亲，从而全情投入地读，掀起情绪的高潮，更加深刻地认同"这是一对了不起的父与子"，与作者共情，与同学共鸣。课文上完，对父亲形象的刻画，对儿子深刻的印象以及对父亲的信任话语，久久不能散去，带给每一个学生美的感受。

教学案例揭示的调动情感朗读重点段和重点句子的基本教学行为动作是渲染情绪、共情读—点睛情感、升华读—移情自己、全情读。这构成了围绕重点句在重点段落引发学生情绪、读出文章情感、加深理解中心句的"三部曲"。

我不仅带学生这样读书，自己读书也是这样，抓住共情，抓住升华，抓住全情，教师的功夫在引导"品读"的时候运用渲染、点睛、移情来达到"以读促悟"的读书境界。"三部曲"已经成为我的招牌动作，在与同事探讨读书与教学的时候，我会经常分享这三种做法。立己化人的学与教就这样发生着，教师自己读书的经历和教学习惯已经和课堂上的身体动作融为一体。读书、教学生读书、和同伴切磋教读书"三合一"。

除了课堂教学，我还在课外阅读指导上挤时间、想办法、找方法、下功夫。为了让学生大量阅读，我明确要求学生养成良好的阅读习惯。在学生课内外阅读行为要求和习惯养成中，我一直贯穿以下操作和训练，如我们要阅读一本书的基本步骤、阅读方法、阅读目的、分享形式、成果展示等。

一、学会阅读一本书，从小说的魅力中获得阅读的快乐

如何阅读一本书？

第一，拿到一本书，先看封皮、书名、作者、书的类别、封底，并试着从以上信息中（如封皮的插图、书的类别）推测内容和自己可能产生兴趣的程度。以《城南旧事》为例，学生因各自买的版本不同，有的封皮上绘的是小女孩在寒冷的冬天牵着骆驼，有的封皮是在四合院大门前秀真、英子、妞儿三个人的图片，都是内容的部分展现。

第二，浏览前言和目录，了解本书的主要内容和思想，甚至可以依据目录的提示直接阅读自己可能感兴趣的部分。

第三，如何阅读自己感兴趣的部分或片段？根据实际情况可采用精读、泛读、浏览、速读四种常用的方法，对于精读部分可运用课内阅读课常用的方法，如联系上下文、边读边想、联系生活实际等体验。

第四，养成"不动笔墨不读书"的习惯，学会边读边画下精彩句子或段落。因学生课外兴趣活动较多，时间很紧张，考虑他们书写速度和

写字习惯等问题，不布置学生摘抄，让学生直接在书上画，保留图书，隔一段时间再翻阅自己圈画或批注的地方。

第五，用自己喜欢的形式，如读书推介卡、读后感、PPT等形式进行读书成果展示并与他人交流。

学生每次拿到一本书，首先想到的就是"杨五条"。几个学期实践下来，学生的读书行为和策略运用、习惯，都在丰富的阅读实践和自查、互查的习惯养成机制下基本成形。

以五年级第一学期为例，我推荐如下三类书目。第一类是必读书目，在规定的时间内读完的有林海音的《城南旧事》、高尔基的《童年》、罗贯中的《三国演义》、施耐庵的《水浒传》以及《中华上下五千年》部分章节。其中，早上"经典诵读"时间完成的有《论语》《孟子》，同步阅读的有《童年的玩与学》。第二类是备读书目，利用上课剩下的时间和布置作业、自学批注完成的有曹雪芹的《红楼梦》（青少版）、《史记》部分章节、罗广斌和杨益言的《红岩》、吴承恩的《西游记》、叶永烈的《科学家故事100个》、李长之的《孔子的故事》等。如果在较快时间内读完必读、备读所有书目，可选择层次较高、较有难度的（其他学生可在假期完成）有"南方分级阅读书系"之中的《我的妈妈是精灵》《夏洛的网》《地心游记》《少年音乐和美术故事》及班级图书架上的漂流书籍等。第三类是选读书目，学生根据自己课余时间的多少选读，不按推荐顺序，没有时间限定，在本学期内及假期读完即可。在这三类推荐书目中，有大量的小说推荐阅读，让学生感受到小说的魅力。

二、阅读传记，汲取生命向上的力量

高年级时，我们增加了名人传记的推荐阅读和分享，在学生阅读《假如给我三天光明》后，我们持续加推《居里夫人传》《林肯传》

《苏东坡传》等人物传记，让学生在沉重的学业压力和择校压力下得到来自书本和成功人士的精神推力。同时，我在早读、课堂中融入先贤哲人、诸子百家的经典句段，让学生在中华优秀传统文化的涵养中凝练完美人格，始终充满少年该有的热情与朝气。"语文教学应该起到积聚生活经验、传递民族精神、涵养人文情怀、培育生命意识的多重作用，语文教学是应该充满着美与激情的。"

阅读习惯的养成贵在要求明了、简洁，贵在坚持知行合一的实践，贵在同学们一起互相监督、鼓励。阅读改变心态，阅读启迪智慧，阅读增长才干，阅读丰盈心灵，伴随着一生的阅读如同自带能量的永动机。

"所有对学生产生影响的重要的具体事件，有4/5都发生在课外。"按照此理，生活处处是语文学习的时机。如何让学生课堂以外的阅读也从零散、放任自流到组织起来，成为一种有计划、有引导、有评价的教学形式？其实，将"非课堂教学"导入课堂是重点，教师的组织和评价形式是关键。

三、在古文的精练和深邃中生发智慧

小学统编版语文教材从三年级开始引入文言文的学习，一共编排了14篇文言文，除了五年级上册的《古人谈读书》外，其他都是故事性的文本，这是由统编版教材对文言文学习目标"激发学生阅读文言文的兴趣"所决定的。这些文言文的形式和内容都很丰富，《司马光》是历史故事，《守株待兔》是寓言故事，《精卫填海》是神话故事，《铁杵成针》是人物故事，等等。但这些文言文的安排比较分散，学生接触的第一篇文言文是三年级上册的《司马光》，一个学期之后才再次接触文言文。如何保持被激发起的文言文兴趣在脑海中留下印象？在学习完《司马光》之后，我连续拓展了三篇短小且故事性较强的文言文，让学生感受其语言表达简洁、内容生动有趣的特点。本文选自《破瓮救友子》

后半部分，课上补充此篇全文，并补充《孔融让梨》和《曹冲称象》
如下：

破瓮救友子（全文）

光生七岁，凛然如成人，闻讲《左氏春秋》，爱之，退为家人讲，
即了其大指。自是手不释书，至不知饥渴寒暑。群儿戏于庭，一儿登
瓮，足跌没水中，众皆弃去，光持石击瓮，破之，水迸，儿得活。

孔融让梨

融四岁，与兄食梨，辄引小者。人问其故，答曰："小儿，法当取
小者。"

曹冲称象

（冲）少聪察岐嶷，生五六岁，智意所及，有若成人之智。时孙权
曾致巨象，太祖欲知其斤重，访之群下，咸莫能出其理。冲曰："置象
大船之上，而刻其水痕所至，称物以载之，则校可知矣。"太祖大悦，
即施行焉。

阅读积累不仅进一步丰富了学生对文言文的学习，使学生多方面
感受人物形象，也让学生对文言文与现代白话文的不同有了更深刻的
印象。

三年级下册在学习《守株待兔》后，拓展阅读《南辕北辙》《揠苗
助长》《刻舟求剑》《执竿入城》《郑人买履》。

四年级上册在学习《精卫填海》后，拓展阅读《夸父逐日》《刑天
舞干戚》《共工触山》《盘古开天地》《女娲造人》《后羿射日》《女
娲补天》《大禹治水》。

四年级下册在学习《囊萤夜读》《铁杵成针》后，拓展阅读《邴
原泣学》《王冕好学》《怀素写字》《宋濂嗜学》《凿壁偷光》《闻鸡
起舞》。

五年级上册在学习《古人谈读书》后，拓展阅读《读书须有疑》

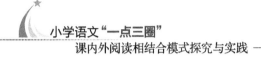

《读书》《读书要三到》《欧阳苦读》。

五年级下册在学习《自相矛盾》《杨氏之子》后，拓展阅读《徐孺子妙答》《陈太丘与友期行》《汗不敢出》《咏雪》。

六年级上册在学习《伯牙鼓琴》《书戴嵩画牛》后，拓展阅读《管鲍之交》《忘年之交》《刎颈之交》《割席断交》《岁寒三友》。

六年级下册在学习《学弈》《两小儿辩日》后，拓展阅读《鱼我所欲也》《千家诗》。

从以上介绍可以看出，文言文阅读从三年级的五篇拓展到高年级的八篇。阅读拓展的形式非常简单，每两周一篇，使文言文的学习贯穿整个学期，并贯穿学生的日常学习，以培养学生语感，涵养学生性情，传承优秀传统文化。我们的操作形式如下：将带有拼音和注释的文言文打印发给学生，小组借助注释和插图等自行了解文言文大概内容，各小组在语文课前汇报自学情况，最后熟读文言文并分享收获等，中午写字时间可以在练字本作为练字的内容抄写。形式简单好操作，在此过程中，通过汇报表彰、张贴作品、评选最佳小组合作奖等过程性评价，实现教学评一体化，促进和保持学生阅读文言文的兴趣。

在五年级学习《杨氏之子》后，我们在课上补充了《咏雪》《汗不敢出》等出自《世说新语》的文言文，让学生的表达和思维继续拓展，实现由单篇阅读到群文阅读再到整本书阅读。《世说新语》是小学阶段我们唯一推荐的古文课外书阅读。《世说新语》是魏晋南北朝时期著名的志人小说代表作，由南朝宋刘义庆主持编写，整本书一共分为言语、德行、政事、文学等36门1200多则，涉及人物1500多个。《世说新语》中的故事经典，篇幅短小，语言精辟，蕴含着丰富的成语典故和史料。

以《杨氏之子》教学为例看如何精讲，课上留出更多时间进行群文阅读。

《杨氏之子》教学设计

【教学过程】

一、一听一读

1. 导入：明确古文学习吟诵法的独特韵律，激发学生兴趣。

2. 听吟诵录音，在抑扬顿挫的吟诵声中感受古文朗读不一样的韵味，在听觉中明确字词发音，理解古文大意。

3. 介绍《世说新语》：东汉末年至魏晋时期名士的逸闻趣事；明确该书的历史价值：立道德模范、端正世俗风气。“言语”就是善于用言辞谈吐做应对。

4. 明确本文蕴含的传统文化价值：智与礼。本文就是通过杨氏之子的机智对答宣扬了当时提倡的智与礼。

5. 全班同学一起边读边画出每个字的声调。

二、二听二读

1. 按声调来读，就可以读出吟诵的感觉，让我们再来一起感受一下，听老师范读。

2. 分析语句朗读声调与语气的不同，理解全文。

（1）在介绍概述的时候语气低平：“梁国杨氏子九岁，甚聪惠。”“到父不在，乃呼儿出。”声高起，有强调的意思，因为父亲不在，于是就把儿子叫出来招呼客人。

（2）儿子懂待客之道，“为设果”，为客人设置了水果，水果中有杨梅。孔君平指着杨梅对杨家孩子说：“此是君家果。”读的时候语气舒缓声音较低，因为孔君平在开玩笑。

（3）杨氏之子回答声调较高，语速较快：“未闻孔雀是夫子家禽。”此句既突出了杨氏之子巧妙地应对，也反映了他的思维敏捷。

3. 请大家尝试读一读，边读边思考：杨氏之子的聪明和机智表现在哪里。

三、三听三读

1.思维联系，感受智与礼后面蕴含的智慧。

（1）杨氏之子快速发现了杨梅和杨氏之间的关联，找到了孔雀和孔君平之间的关联，快速对答，机智化解。之所以能如此关联，是因为杨氏之子知识广博。

（2）《孔雀东南飞》与《西北有高楼》的故事，让学生明白，所有知识能关联在一起，缘于知识广博贯通。

（3）体会《杨氏之子》的用词："未闻""夫子"，表达了对客人的尊敬，这是本文体现的另一中华优秀传统文化"礼"之所在。

2.带着理解再次朗读，感受中华优秀传统文化的智与礼。

四、四听四读

（1）杨氏之子年龄虽小，却礼貌有加，懂得待客之道，值得我们学习；再听吟诵，感受平长仄短、平低仄高的读书之法。

（2）书读百遍，其义自见。让我们齐读小古文，再来感受文字里的智慧。

五、五听拓展

（1）教师出示《咏雪》，范读。学生借助注释，小组完成大概意思的理解，并说说文中谁的比喻更恰当，你从中感悟到什么？

（2）再出示《汗不敢出》，范读。学生和老师一起慢慢读，边读边感受对待同一个问题，如何运用智慧和思维呈现两种不同的答案。

（3）整本书推荐。像这样精悍又有韵味的小古文在《世说新语》里还有许多。还有哪些是你感兴趣的呢？本周我们可以自由读一读《世说新语》，并将你最喜欢的小古文分享给小组同伴，由组长组织各小组互相评价。

立足课堂开展的阅读学习实践，虽然没有也无法全部规范学生课外阅读的时间、内容、地点、形式等（如亲子阅读取决于家庭的安排），但是我们可以借助课堂这个杠杆，撬动"非课堂的学习"这个"地球"，那就是多在语文课堂上分享学生的课外阅读。

生活处处皆语文，世界时时要语文。因此，语文的阅读可以说成"时时是阅读之时，处处是阅读之地"。好阅读的学生不会差，爱语文的学生不必担心其未来。历经一系列将课内和课外阅读相结合的做法，即便没有什么高深的理论支撑，没有形成系统的架构，教师深耕的土地上是学生见得到的成长，听得到花儿开放、竹子拔节的声音，学生形成的语文素养和外在的成果，也再次印证了语文学习中阅读教学的重要性。

一系列的耕耘定会有不期而遇的结果。在广州市"诗润南国"儿童诗歌创作大赛中，我们有学生夺冠；在广州市"羊城书香少年"评选中，我们有学生荣登榜首；在广州市"阅读历史故事、传承中华文化"比赛中，我们有多名学生榜上有名；在广州市"六年级语文能力"竞赛中，全区共选拔10名学生参赛，罗捷和一诺脱颖而出，在广州市决赛中，罗捷获得全区唯一一个市一等奖，一诺获得二等奖。班级10名学生被选为区代表参加市科技创新作文大赛，也是全区唯一一所小学参加市赛的学生，这10个学生在没有任何准备下突击上阵，依然取得一、二、三等奖及优秀奖的好成绩。在广州市黄埔区首届"快速、个性、生活化"作文大赛现场赛中，6人获得一等奖，第一名的启贤同学以95分的高分遥遥领先；在黄埔区"春苗杯"能力竞赛中（面向六年级），全区共有30人获得一等奖，而我们一个班就占了7人。市、区"三好学生""优秀少先队员"等称号更是促使学生向着更优秀努力。

阅读改变心态，阅读启迪智慧，阅读增长才干，阅读丰盈心灵，伴随着一生的阅读如同自带能量的永动机。"始生之物，其形必丑。"尽管这样的探索和实践赢得了学生的欢迎、取得了一点成绩，但是面临越

来越多的困惑，我不仅需要向别人更多地学习，还要自己用心地实践与思考。

正当我们如火如荼地在课堂上进行实践的时候，山东韩兴娥老师的《让孩子踏上阅读快车道》受到大家热捧，因为当时崔峦老师给予这样的做法以高度评价。韩兴娥老师大胆改变常规教学内容，不受一般学校教师所谓的"教学进度"束缚，一个学期的教学内容两三周教完，提前完成教学内容，大刀阔斧地将大量课外内容融入课堂，学生积累丰富，出口成章、妙语连珠的表现，让所有教师羡慕。我们的思想也受到各种思潮的冲击，以自己的教学实践为出发点，对自己的课堂教学进行实践和反思，梳理自己在语文教学中开展的相关阅读教学。综合多方意见，结合实际情况，至此，我们将自己的做法确定为"一点三圈"课内外阅读相结合模式。在后期的语文教学中，"一点三圈"课内外阅读相结合模式在前期的基础上继续进行探究与实践。

图1-3　荣誉证书

第二章

2

"一点三圈"课内外阅读
相结合模式的内涵

语言的学习有其内在规律，没有语言的接触、语言的浸泡、语言的折腾，要想让学生在语文上有所长进，是非常困难的。苏联教育家苏霍姆林斯基在《给教师的建议》中曾经说过："阅读是对'学习困难的'学生进行智育的重要手段。学生学习越感到困难、在脑力劳动中遇到的困难越多，他就越需要多阅读。"正像敏感度差的照相底片需要较长时间的曝光一样，学习成绩有待提高的学生，头脑需要科学知识之光给予其更鲜明、更长久的照耀，更需要阅读、阅读、再阅读……

　　美国研究阅读的专家吉姆·崔利斯说过："阅读是教育的核心，学校中几乎每一科的知识都是通过阅读来学习的。"英国科学家培根说："读书给人以乐趣，给人以光彩，给人以才干。"总之，人能从阅读中学习，获得乐趣，变得越来越聪明，变得越来越有品位；从读书中获得幸福人生。然而，让学生爱上阅读，成为阅读受益者、终身阅读者，并不是一件简单的事情，需要技巧、方式、热爱与坚持。

第一节 "一点三圈"课内外阅读
相结合模式的理解

一、进行整本书阅读

阅读的获得可以有很多种，进行整本书阅读是"一点三圈"课内外阅读相结合模式坚持的原则。1941年，叶圣陶在《论中学国文课程标准的修订》中谈及"读整本的书"时提到："把整本书作主体，把单篇短章作辅佐。"这是叶老第一次明确提出要读整本书。叶老重视读整本书是与他的语文教学目标一脉相承的，读整本书能够养成读书习惯，培养语文能力。"读整本的书"思想越来越深入人心，2001年版语文课程标准提出"多读书，好读书，读好书，读整本的书"；2022年版语文课程标准把"整本书阅读"郑重写进课程标准，首次以具体内容描述的形式明确了目标、内容及要求。由此可见，整本书阅读逐渐被重视起来。我们每天都在读书，可教材的"书"是编者有目的地选读。妮娜·米可森在《童书中的神奇魔力》中说，教科书中的文章是经过修饰、去情境化、有明显道德说教的文章，这样的文章显然没法帮助学生形成文学鉴赏能力——从只能理解清晰的道德训诫、明确的叙述环境发展到能够领悟较高层次的、细腻的道德内涵，复杂的叙述，以及不确定的情境。现在的统编版教材文章虽然文质兼美，但受教材和主题的限制，更多以教材为基底的拓展阅读亟待教师的开发和解读，如果教师不具备这样的意识和能力，我们的学生就永远在这口井里望着方寸大小的天空。

例如，五年级下册的《草船借箭》，仅通过此文，学生认识到的是一个"心胸狭窄、不顾大局"的周瑜形象。三国时期，英雄纷争，诸葛亮有着神机妙算的雄才；周瑜谈笑间的风流倜傥在《草船借箭》一文中无法体现；同样作为东吴都督的鲁肃，言谈之间与诸葛亮达成一致，却隐瞒着自己的大都督。只有将人物置身于整部小说的大背景下，这些人物的性格、言行举止和考虑事情的复杂性，才符合读者的认知和逻辑，学生才能有机会透过课本的小教材接触到更丰富的文学世界，拥有完整的阅读体验和完整的认知。

整本书阅读为学生的思维提升提供了广阔的空间。在阅读过程中，对故事情节的猜测、人物命运的琢磨等，都可以锻炼学生的思维能力，让他们拥有广阔的思考空间。对不同作者类似作品之间的比较，同一作者不同作品的比较，不同作品中某类人物的比较，都可以不断激发学生的研读兴趣，使他们进行更加深入的思考与判断。

一本书就是一个独立、完整的世界，让学生去感知这个世界中的奇妙之处，汲取丰富的养分，寻找观察世界、思考人生的独特方式与角度，将让他们受益一生。

整本书的阅读，在拓宽学生视野的同时，更是对学生阅读意志潜移默化的培养。整本书与单篇文章比较，人物繁多、主题复杂、意蕴深远，对学生的注意力、思考力、分辨力都是一种挑战，更是高强度的思维训练。学生在阅读中能专注于阅读本身，静下心来做一件事情，是多么令人着迷和欣喜。

二、读书要有选择

书可以自由读，但作为学生对应年龄段要读的书必须读。教师推荐阅读书目不是教师决定学生的阅读读什么，教师是一个课程建设者，不是专制者。书单的选择和推荐也是一个动态调整的过程。美国斯蒂芬·克拉生作为自然研究法的创立者之一，在其著作《阅读的力量》中提出"自由阅读的力量"（Free Voluntary Reading, FVR）并阐述其重要性，对现在许多阅读者产生了影响。

《阅读的力量》一书中提出自由自主阅读，是提高语文能力行之有效的手段，不论阅读的内容是通俗小说、青少年浪漫文学、报纸，还是经典文学著作，阅读这个行为本身都会在提高语言能力中起到关键作用。对漫画书、青少年浪漫文学、电视等这些大家认为不利于阅读效果的事物提出了新的见解，为教育工作者和父母培养学生的语言能力指明了方向。《阅读的力量》强调自由阅读的重要性，淡化学校教育对促进学生阅读起到的不可替代作用。很多人认为课外阅读是自由的，不该给学生过多的约束，甚至不要制定和要求学生读什么书，要完全让学生按照他们个人兴趣和意愿去选择读书，就算是看漫画和看电视对学生阅读也有帮助。

我认为，在当前教育实践中，阅读不能替代全部，学生也不是随心所欲地想读什么就读什么。教育是全方位的成长，在素质教育的规划下，学生的成长有阶段性、指引性、可塑性。譬如，男孩子更多地喜欢读科幻类、武打类、探险类的作品，而对其他文学作品，如《安妮宝贝》《绿山墙的安妮》等细腻的作品不感兴趣。在中国古代四大名著中，更多男生读了《三国演义》《水浒传》，而阅读《红楼梦》的女生明显多于男生。阅读的兴趣与生活经历和性别有直接关系，教师需要做的就是在保护和尊重学生兴趣的前提下，引导学生跳出性别的圈子走向更广阔的阅读空间。譬如《红楼梦》从哪里入手能让更多学生产生阅读的兴趣，这并非限制和牵引学生的自由阅读，而是保证学生阅读的全面。就像人和食物，有人天生喜欢吃肉，有人天生喜欢吃青菜，但身体的成长不仅需要肉也需要青菜，合理膳食才能健康成长，同样，作为阅读的精神食粮也需要适当的均衡发展。尤其是在学生面临多门功课需要学习、各种活动需要参与时，阅读则必然受到时间和精力的限制。阅读的终极目标原本应该是自由阅读，但在实际情况下，学生在浩如烟海的课外读物中根本不知道如何选择书籍，教师需要全面规划学生的课外阅读，但整个过程离不开学生的参与，要切实可行。必读书目就像启蒙者，一旦一个人的内心"鸿蒙初开"就再也没有什么力量可以阻挡和蒙蔽他，阅读之路的大门就此打开。

读什么书要有选择，书目根据实际情况分为必读和选读两类。必读书目的阅读不仅要有阅读计划，更要有指导、反馈、分享、成果展示等。必读书目是一扇门，将一个精彩的世界堵在门外；而选读书目则是一扇窗，将多姿多彩的世界拉进眼底。在学生的小学启蒙阶段，必读书目将引领学生走向阅读之门，只有打开门，才能在更广阔的阅读世界里行走。为什么小学就安排诸子百家等名言警句，这就是引领、熟悉和熏陶。

世界上没有两片叶子是相同的，也不可能有两个相同的读者，即便共读一本书，个人的感触也是不同的，这缘于个人的经历和个人储备。就像看到海面上相似的冰山，其实水底下那巨大的、隐藏着的冰山完全不相同。这就是为什么"一千个读者有一千个哈姆雷特"。阅读不可能"共饮长江水"，阅读是一种个人行为，是读者与作者之间的对话，这就是为什么有那么多人反对开列必读书目。无论历史上有多少种书目，其执行情况和最终结果都让人质疑。一个人的精神成长史就是阅读成长史，所有的阅读最终都内化成自己的气质，有一句话这样说："你的气质里藏着你读过的书和走过的路；也总有一本书让你突然恍悟或者情感或者思想上产生跃迁。"

三、阅读与写作密切相关

写作和阅读之间存在着错综复杂的关系，它们同是文学的过程，也是文学的出口与入口；两者都是相当富有想象力的，也同时扮演着解释者的角色。而你从写作中发现的，与你从阅读中发现的，绝对不会完全相同。让学生同时成为作者和读者，他将会拥有更完整的文学经历。

阅读为学生积累写作素材，学生不可能与社会生活有太多密切的接触，所以他们的写作必须在课堂及课内外阅读上下功夫。学生只有在对生活有一定认识的基础上，间接从书本中了解生活，在阅读中有意识地积累，才不会在习作时出现"茶壶里煮饺子倒不出"的尴尬。阅读中的交流可以提高学生的语言表达能力，名家名句的精练、风趣让学生感受不一样的风格。以古诗为例，婉约多情、沉郁顿挫、豪放夸张、平实简洁、华丽丰富、含蓄隽永都给学生的表达带来了不同的影响。文学源于生活，又高于生活，学生通过想象把生活中的人物、事件进行加工，可以培养自己的想象力，而阅读功不可没。"阅读也大大扩展了我的想象力。在家对着一面花纹驳杂的石墙，我会待上半天，构想种种神话传说；路上遇到一个残疾人，我会黯然神伤，编织他的悲惨身世。"（叶文玲《我的"长生果"》）

如何去培养阅读能力？这是学生"学"的过程，而不是教师"教"的过程，过程指的是在学习知识、掌握技能、形成情感态度价值观的时候，需要经历的一个感知、理解、运用或实践的过程。一个人的成长不是用成绩来衡量的，在学习过程中的态度和情感参与才是成长重要的衡量标准。

"不积跬步无以至千里"，阅读中，字、词、句、段的积累和运用，是培养语感的基石，擅于将阅读所获恰当地运用到自己的习作中，不仅仅是为文章增添色彩，更重要的是获得学以致用的实践，在文字与生活的联结中获得喜悦与自信。只有阅读的积累才有自由地表达。

人教版五年级上册第八单元第27课《我的"长生果"》写出了读书与作文的关系："醉心阅读使我得到了报偿。从小学三年级开始，我的作文便常常居全班之冠。……看到老师用红笔圈出我写的月亮'像一轮玉盘嵌在蓝色的天幕中'这句话，说这个'嵌'字用得特别传神时，我脸红了。我不能心安理得地接受这个赞誉——因为这句描写和这个'特别传神'的'嵌'字，是我看了巴金先生的《家》后念念不忘的词句。"作者于此也悟出了一点道理，就是作文练习，开始离不开借鉴和模仿，很多阅读书目就是习作最好的范本。对生活的真情实感和阅读中积累的语感是写好作文的两个保障，一是精神内涵，二是体现精神内涵的外在表现。阅读与习作就像相互促进的两兄弟，古人云"读书破万卷，下笔如有神"，表明了阅读与习作的密切关系。

四、阅读需要掌握技巧

阅读需要效率，阅读需要方法。只有掌握了正确的阅读方法，学生才能进行终身有效的学习，古人云："授之以鱼，不如授之以渔。"

"囫囵吞枣""不求甚解"是一种读书法，"细嚼慢咽""字斟句酌"也是一种读书方法。阅读目的决定需要用到的阅读方法，掌握阅读方法，运用适当的阅读策略是提高阅读效率的保证。在统编版语文教材中，阅读策略的学习和掌握从中年级到高年级呈现了有序衔接，由易到难，螺旋上升。

学生学习的阅读策略，三年级上册第四单元是"一边读一边预测，顺着故事情节去猜想"，第八单元是"学习带着问题默读，理解课文的意思"，都体现了对阅读方法的指导；三年级下册第一单元"一边读一边想象画面"，第六单元"运用多种方法理解难懂的句子"；四年级上册第一单元也是"边读边想象画面，感受自然之美"，与三年级上册相比，在展开想象能力上更加具体有针对性，第六单元则是"学习用批注的方法阅读"；四年级下册第二单元"阅读时能提出不懂的问题，并试着解决"；五年级上册第二单元"学习提高阅读速度的方法"，五年级下册第二单元"初步学习阅读古典名著的方法"；六年级上册第一单元"阅读时能从所读的内容想开去"，第三单元"根据阅读目的，选用恰当的阅读方法"，第七单元"借助语言文字展开想象，体会艺术之美"；六年级下册第二单元外国文学名著"借助作品梗概，了解名著的主要内容"。这些阅读方法的学习如同抛砖引玉，如果仅仅是通过一篇课文或者一个单元学习而结束，所学阅读方法就会成为惰性知识，随着时间的久远最后被遗忘，只有将所学运用到阅读实践中，并在阅读实践中不断地灵活运用，才能为其所用，才是有生命的知识。

17世纪英国哲学家培根说，有些书可供一读，有些书可以吞下，有不多的几部书则应当咀嚼消化。有些书想粗略了解大意，可以采取快速阅读法，一目十行，抓住关键词，进行浏览或群读。值得细嚼慢咽的书，可以用很多方法去品读。我们精读一本书，可以按照"浏览、发问、阅读、复述、复习"五个步骤进行。养成通览全书的习惯，你会发现自己在读书时将进入一片崭新的天地。有时曾经读过的书，重读一下会有旧友新知之感。人教版五年级上册《走遍天下书为侣》把书看作朋友、家、你随时想去就去的故地："你早已见过朋友一百次了，可第一百零一次再见时，你还会说：'真想不到你懂这个！'你每天回家，可不管过了多少年，你还会说：'我怎么没注意过，那灯光照着那个角落，光线怎么那么美！'你总可以从一本书中发现新东西，不管你看过多少遍。"熟读意味着读到心领神会，恍然大悟。俗话说，"熟读唐诗三百首，不会作诗也会吟"。熟读精读的过程也是一种积累，熟能生

巧，积累多了，妙处也就有了。

阅读过程中的批注、圈圈点点、写写感受、重点处折页读等，都是读书人爱阅读的行为。不动笔墨不读书，朱熹谓读书有"三到"：眼到、心到、手到。而胡适先生却认为有"四到"：眼到、口到、心到、手到。这些都告诉我们，阅读要有方法。早在20世纪40年代，美国教育家莫提默·J.艾德勒和查尔斯·范多伦就在《如何阅读一本书》中强调阅读法及对阅读层次的指导："到五六年级之前，整体来说，阅读是被有效地教导过，也学习过了。在这之前，我们发现阅读的学习曲线是稳定而普遍进步的，但是过了这一点之后，曲线就跌入死寂的水平。""只要经过特殊的教导，成人及大一点的孩童，都能有显著的进步。"

《如何阅读一本书》还详尽介绍了阅读不同读物的方法，比如，如何阅读实用型的书，如何阅读想象文学、故事、戏剧、诗歌、历史书等，虽然这些阅读技能更适合成年人，但基本的阅读方法仍需在人成长的基础阶段有所掌握。

除了掌握必要的适合年龄段水平的阅读方法，制订阅读计划也非常重要。制订阅读计划、掌握阅读方法是一个再创造的过程。朱自清先生将语文教学的目的界定为"养成读书思想和表现的习惯或能力；发展思想，涵育情感"，并强调教师在教学中要注重指导读书与思想的方法，使学生养成读书与思想的习惯；要以学生为本位，自身只是起到协助作用。

一个完整的文学经历，会在学生的心中播下一颗文学的种子，也许有一天会长成一棵文学的参天大树。

五、课外阅读与课堂关联

课外阅读不是可有可无的，而是应该纳入课程体系，成为课程有机组成部分的。没有课外阅读，就没有语文教育，语文教学和课外阅读不是两张皮，你上你的语文课，我读我的课外书。语文课堂的使命是激发学生阅读兴趣，教给学生阅读方法，培养学生阅读能力，为学生终身发展奠基。语文课堂就是为学生能大量阅读找到切入点、阅读点、动力点。课外阅读是源头活水，语文课堂是半亩方塘，叠加起来的整体语文教学才能清澈如许、春意盎然。这正是新课标强调的："语文又是母语教育课程，学习资源和实践机会无处不在，无时不有。因而，应该让学生更多地直接接触语文材料，在大量的语文实践中掌握运用语文的规律。"（《义务教育语文标准（实验稿）》）。

阅读是由课内阅读与课外阅读组成的。课内阅读通常指的是学校正在使用的语文教材中篇章的阅读，课外阅读泛指教科书以外的所有阅读读物或材料的阅读。课堂教学侧重规范性，课外阅读侧重灵活性，两者既相互独立又相互促进。课外阅读既不完全是课堂教学的延续、继续与发展，也不完全是第二课堂，课外阅读是指学生在课外各种独立的阅读活动。它是课外语文学习活动中最重要、最普遍、最经常的形式，是学生课外阅读能力形成的必不可少的组成部分。大量的、有效的课外阅读对于开阔学生视野、发展学生智力、提高学生素养及养成学生健康个性具有重要的意义。

一篇短小的文章可以开辟广阔的阅读天地，透过这个小窗口，我们如何一步步走向它？教材中的"快乐读书吧"、节选自文学作品中的文章、与文学作品有密切关联的文章，都引领着学生向阅读更远方迈进。做好教材中的基本阅读，既保障了学生的基本阅读量，又完成了在某个阶段小学生该学的知识、该掌握的技能、该阅读的书籍。这就是阅读既要有看得到的成长，也要有脚踏实地看得见的利益成效，这是作为小学生需要得到的阅读动力和成长心理需要。但阅读不能为"功利"而行，要让学生时刻葆有抬头仰望星空的梦想。当学生或者任何人不再为奖励、展示、读书之外的表扬而阅读时，当阅读成为一种习惯、一种享受、一种追求、一场修行时，阅读就被赋予了生命的意义，多少生命因此得到滋润和涵养。阅读是活的，只有培养学生浓厚的阅读兴趣，我们才能不辱作为小学教师的启蒙使命。同时，"一点三圈"课内外阅读相结合模式是对学生阅读量的兜底和保证，不管学生家庭阅读环境如何，家长是否在学生幼儿成长期有过读书的启蒙熏陶，该模式都可以让学生在小学成长过程中掌握阅读的基本方法、具备一定的阅读能力，甚至具备阅读的品质。

在阅读的过程中，尊重学生的个性理解和表达，依据学生意愿开展阅读活动、调整阅读表达形式、清晰阅读完成"目标"，是保证阅读顺利进行的条件。

六、阅读须做笔记

胡适认为，朱熹说读书"三到"不够，应是"四到"——"眼到，口到，心到，手到"。手不到，心是不会到的。手不到，一切都是浮云——是读成书呆子，还是读成文学家、思想家，就在于这"一到"之差。

曾国藩在一封写给曾纪泽的家信中提到读书积累："尔读书记性平常，此不足虑。所虑者第一怕无恒，第二怕随笔点过一遍，并未看得明白。此却是大病。若是看明白了，久之必得些滋味，寸心若有怡悦之境，则自略记得矣。尔不必求记，却宜求个明白。"曾国藩读书做札记的习惯得到胡适的极力推崇，但凡有些滋味的，必一一记录，用心领略，正所谓"不动笔墨不读书"。记得我小时候，一书难求，每每向人借书看，待要还书时，总是怕漏了书中的精妙之处，便用日记本将好词佳句认真摘抄，最后成为厚厚的一本。我将其视若珍宝，时时拿出来读，不知不觉便记住了，每次写作文时总能用上一两句，由此还得到老师表扬。没想到小学时的无心插柳，竟养成了我终身受益的好习惯。如今我已是一名语文教师，却在急功近利中忘了这个看似简单，却大有实效的做法——做读书札记。

在阅读过程中，我们要求学生摘抄好词佳句，写读后感，分享精彩片段等。从一定意义上来说，这对学生的阅读兴趣是会带来影响的，而做笔记的益处最大。随着生活条件越来越好，学生读的书都是自己买的了，我们逐步将做笔记尤其是摘抄变成了在书上直接圈画，直接批注。

一周写两次读后感会引起学生的不快，相关人员的研究似乎也并未觉得写与不写读后感对学生的阅读素养有多大影响，依据学生的实际情况调整是最好的方式。有很多专家反对课外阅读考试，认为这有可能扼杀学生阅读的兴趣，阅读不应该有或者很难有所谓的标准答案；同时，违背阅读的本质甚至是语文学习的本质。在专家眼里，语文教师都爱读书、知道阅读重要性，并主动在阅读教学上有思考、能行动。事实上，这是一种理想的臆测。几十年四所学校的一线任教经历，我目睹了大部分教师如何辛苦付出地进行一线教学。随着时代的变迁、科技的进步，社会对教师的能力素养要求越来越高。在当今这个全社会都在呼吁阅读重要性的时代，教师也想有所为，但因为越来越多非教学的事务进入校园，想静心做教学是一种奢侈和幸福，想做点课外阅读的教师要挤时间，学生要挤时间，阅读成了可有可无的调味品。平日里挤时间坚持推进阅读的教师，到了期末考试前的一个月统统停掉与阅读相关的活动，"课时紧张，大考来临，往往会导致许多教师放弃形成性、激励性的评估……不管考什么，教师必然要带着学生去读，这其实也'实质性'地推进了课外阅读。"

第二节 "一点三圈"课内外阅读相结合模式的倡导

一、"一点三圈"课内外阅读相结合模式倡导教师的写与记

美国心理学家波斯纳在对教师成长的影响因素进行研究后，提出了教师的成长公式：成长=经验+反思。写作有助于教师在日常教育生活实践中以一种自觉的、超越的、批判的方式，以及敏锐的洞察力和高度的思辨力对教育生活和教育经验进行再叙述，从而改进自己的教育行为，提高教育的效率和品质。

加拿大学者马克斯·范梅南在《生活体验研究——人文科学视野中的教育学》中写道："写作，其实就是对教育现象的一种解释，当这种解释上升到反思阶段，形成具有一般性指导作用的价值取向并指导教师的行动时，写作就变成了实践性知识。"他提倡通过真实的叙事研究教育。写作改变了教师的行走方式，也书写了教师的生命传奇。当写作成为教师生活中的一部分时，意味着他们强调理解与反思。教师写作应该对教育教学现象，如发生在课堂上的故事、发生在班级里的故事、教师自身的遭遇等进行分析，这种分析是经过教师自身的观察和思考，运用教育学、心理学以及学科理论进行的反思研究。对于一名教师而言，他的写作史，在某种意义上就是他的教育史。因此，调动专业积累，理解

教育教学现象非常重要。阅读是写作的前提，只有大量阅读后的写作才会有深度、有高度。教师的写作也会进一步推动教师的教育阅读，促进教师的专业积累。"阅读理解—教育实践—写作反思"能让教师的"专业性"得到较快提升。

"一点三圈"课内外阅读相结合的模式提倡教师的写，但这里的写不是严格意义上的写作，也不是严格规范的"成长=经验+反思"公式，更不是教育理论指导下的论文等，而是教师基于热爱和坚持记下的和学生、课堂、阅读相关的点点滴滴，是保持一份敏感，随时留心关注生命中自己认为"有意思"的事情。学生写读后感的时候，教师也来写写；学生在运用古诗词润色习作的时候，教师也一起来参与，更能激发学生的兴趣。

下面是我和学生一起运用古诗词润色习作、表达情感的一篇作品。

入梦的柳

杨雪柏

从小到大，我都特别喜欢柳树，可能是因为柔弱的枝条低垂下来，更易于我们玩耍和折断。小时候，三五成群的伙伴围着柳树，把能弄下来的柳枝都弄下来，绕几个弯缠几道圈便成了帽子，或是拿在手上，漫无目的地抽打。春天刚来，柳树上就会长满毛茸茸的、白色的"毛毛狗"，那是我们的最爱。我们一把一把地撸下来，玩"叫唤小猪"的游戏，每人一把分放在炕席上（炕席用秸秆的皮编织而成，新的也好旧的也罢都会有一些毛刺）。我们用四只手指左右来回快速滑动，利用炕席的凹凸不平促进它们"行走"。"一俯一仰一场笑"，笑什么不记得，留下的只是让人回味无尽的感觉。尽管很多时候，手指尤其是手指肚会扎进小刺，但是我们依然没有得到教训，直到柳树猛然间都抽出了叶子，"叫唤小猪"的游戏就要等到下一个春天了。在这样往复的童年中，许多同伴和邻里乡亲的面容逐渐模糊了。每每想起张爱玲的经典语句"我们是回不去了"，就觉得这样简单的话，就是这样简单地说出来，也简单地呈现在我们面前，可我们谁都奈何不了。不仅是我们，花草树木又何尝不是，今年的柳树明年依旧绿，可明年的柳树再也没有今年的叶子了。在这10年中，我回家乡时，特意去了小时和小伙伴折柳的地方，故地依旧，柳不知何处，人更是老去新来。

今年在北京，看到大片大片的柳树，异常惊喜。原来住的小区水池边就有两棵柳树，架不住小区孩子的手脚，柳树垂落水边的枝条经常被他们折断。见到柳树，我总觉得有家乡熟悉的味道。广州尽管是花城，各色的花草树木种类繁多，一年四季绿树常青，繁花似锦，但这北方常见的柳却少见得可怜。后来搬家，环境更好，却总是舍不得那两棵柳树，微风荡漾下的枝条荡出无尽的乡愁。当年读书，特别着迷柳永的词，尤其以《雨霖铃》为甚："杨柳岸，晓风残月。此去经年，应是良辰美景虚设。"其实应是少年不识愁滋味，为赋新词强说愁，又有何事要与人说呢？那个多愁善感的年龄，直到最后也没有："执手相看泪眼，竟无语凝噎。"就是到了远隔千里的南国，也未曾想着折柳"寄与陇头人"。现代高速发展的信息网络，让我们变成了有事才联系，完全不像以前用信件在文字的舒展里表达情感。似乎和朋友之间也没有什么事，若是打个电话说，"我想你了"，总觉得自己是个外星人，不是对方说，就是自己说，"没事闲的吧"。故此，那些年一起的朋友都忘得七零八落了，唯一记住的还是古人所谓的：意境、心境——那些年一起走过的日子。

思乡也是如此，思的是谁，没有具体的人。能见到的总能见到，不能见到的阴阳两隔终究不能见到。所以，思物，最后又是睹物思人，结果是："物是人非事事休，欲语泪先流。"

"此夜曲中闻折柳，何人不起故园情。"故乡就在飘荡的柳枝下慢慢入梦，二十多年前，站在夕阳下的母亲满是深情地唤着我们："回家啦！"

二、"一点三圈"课内外阅读相结合模式提倡教师的读

腹有诗书气自华，教师的读书储备决定了教师在课堂上的妙语连珠，教师的魅力也得以呈现。当教师在学生面前旁征博引时，会对学生有足够的吸引力。所以，饱读诗书的教师不必在阅读教学前忙于事先设计好阅读教学设计，不必费心课上学生是否按照自己的设计思考和回答问题，而是要在意和享受与学生在共同阅读中的感知和领悟，有意识地培养学生积极思考的能力。

新版教材在阅读部分用力最多，改革力度最大，彰显了"读书为本、读书为要"的理念。可以说，这套教材不仅力图改变学生"不读书、读书少"的局面，对教师的阅读素养也提出了更高的要求。

首先，新版教材要求教师多读。其次，新版教材要求教师会读。新版教材非常重视阅读方法的培养，从一般性阅读方法，如朗读、默读、精读、略读，到针对各种文体的阅读方法，再到阅读整本书的方法，教材中都有涉及。想要指导学生掌握和运用这些方法，教师首先要能掌握和运用。有的教师至今还在用"一刀切"的方式应对各种不同文体的教学，其实根源在于教师阅读方法的单一。想要改变这种方式，教师要先从自己的阅读做起。最后，新版教材要求教师乐读。孔子说："知之者不如好之者，好之者不如乐之者。"（《论语·雍也》）只有教师能够乐在其中，才能更好地将阅读的快乐传递给学生，引导他们抵达"乐之"的境界。

能够随时和学生一起讨论学生读的书，师生之间的话题和亲近感自然更和谐，甚至无话不谈，是对"亲其师信其道"一种水到渠成的践行。雅斯贝尔斯曾经说过，教育的本质意味着一棵树摇动另一棵树，一

朵云推动另一朵云,一个灵魂唤醒另一个灵魂。其实,阅读也是如此,只有真正的读者才能培养出读者。一个父母不读书的家庭很难培养出酷爱阅读的孩子,一所校长、教师不读书的学校很难培养出酷爱读书的学生。鼓励学生读书的最好方法,是教师先爱读书,没有爱读书的教师,就没有爱读书的学生。

这里的读还有两个含义。一是教师要紧跟教育改革的步伐,对于新课程的颁布、新课标的实施,教师要主动学习,仔细研究,用心实践,及时反思。《义务教育课程方案(2022年版)》和《义务教育语文新课程标准(2022版)》于2021年4月颁布和实施,爱学习、肯钻研、有热情的教师应该第一时间去学习。二是教师要通读小学阶段的12册教材,12册教材的内容不可能记得一清二楚,但大概内容要做到心中有数。这就像行走,没有目标的行走是没有动力与茫然的,自己都不清楚路在何方,又如何带领别人前行?原地打转的思想是很可怕的。有的教师常年执教一二年级,自谓"低年级阶段教师",那么点知识、考试那么点内容,美其名曰"培养习惯就好了"。未来的语文学生要怎么学;为了学好未来的语文,在低年级阶段的学生要知道什么、理解什么、学习什么;培养学生什么……不在考试范围内的"问题"根本不考虑,这种思想于教育就更加可怕。这不是为了助力学生起飞的教育,而是为了省事、为了单一的成绩,无异于折断了学生刚长出来的翅膀,也会使教师加快产生职业倦怠。教师保持激情与热爱的秘诀便是时时学习,与学生共同成长。

当然,不是所有教师都有机会大循环,学校分工的安排是一盘大棋,要考虑的因素方方面面,非常不容易。不论教师任教哪个学段,尤其是参加工作三年以内的教师更应该把读书当成大事情,不仅读教材、读配套教学参考书,更要把学科课程标准随身携带、随时阅读。活到老学到老更应该是教师职业特有的行为,教师和医生,一个负责心灵,另一个负责健康，二者都要终身学习。

我们每个人都有自己的职业，但"读者"应该是我们共同的称呼。真正的读者是有自己的"味道"，有自己的气质的。一个人的儒雅气质，不用开口就能让人感受到；一个人的学问修养，通过言谈举止别人就能感受到。

所以，阅读是可以"传染"的，是可以"模仿"的。一位热爱阅读的教师喜形于色地谈论自己刚刚读过的书，或者与学生一起讨论他们共同阅读的书，无疑会潜移默化地影响学生的阅读。

三、"一点三圈"课内外阅读相结合模式提倡教师情绪的愉悦

一个教师，做好几件事情容易，对待几个重要的日子容易，但要愉悦、认真地对待每一天并不是一件容易的事情，因为人的情绪有喜怒哀乐，既有高涨时，也有低落时。但是，教师每一天都要用心去做，这是关键。有人统计过，一个教师在九年义务教育阶段大概要上9500节课，如果这些课堂能呈现出伟大的课程，能准确呈现出知识本身的魅力，那么我相信一定十分激动人心，一定会让每个学生报以期待。当每个学生每天早晨都怀着热切的期盼走进教室，满怀喜悦地和教师一起探索与发现知识的魅力时，学生将会觉得时间非常短暂，心灵特别充实。在一间教室里，如果教师和学生的生命都得到丰富的滋养和最美的呈现，那就是教室中的幸福之泉悄然喷涌的时刻。

教师的情绪受很多因素的影响，年复一年做着同样的事情带来的疲倦，学生在学习过程与结果中体验到的进步或受挫、成功或失败并发的各种情绪，反过来都会影响教师课堂学习、作业、辅导、考试等教学活动，并影响教师的教学情绪和教学感。这些不只是与成功或失败有关的情绪，还包括与教学或学习过程有关的各种情绪。学业情绪（Academic

Emotions）是把人们的注意力引到学习活动之中的情绪关注。好的学业情绪不仅有助于学生认知活动的顺利开展，而且有助于学生积极主动学习态度的形成，还有利于学生建立良好的师生关系、促进学生的身心健康。

情绪劳动是社会学者霍赫希尔德（Hochschild）在分析劳动时提出的一个概念，是指个体管理自身的感受，以产生公共可见的表情和体态展示。因此，"当产品是微笑、心情、感受和关系时，它更多属于组织而较少属于个体自身"。这恰恰描述了教学活动这种教育服务类"产品"的特性。教师从事的教书育人工作，是一个生命去影响一群生命的成长活动，是基于"心"的沟通的活动。所谓"亲其师而信其道"，说的便是师生关系良好是教育影响发生的前提条件。喜欢教师和喜欢学科的大重叠，表征的就是教师和教学本身如此紧密地捆绑在一起了。倘若教师不被喜欢，则言传身教根本无从施展。

因此，伴随着教师教学实践行为背后的学生学业情绪值得我们特别重视。学生的愉快程度和获得感，应该是教师教学的重要过程性指标，应该是判定学生认知性程度的辅佐，应该是教师教学感的重要来源。研究和常识都表明，教师劳动最重要的酬劳并非物质上的，而大都是精神上或情绪上的，并且这些酬劳多来自学生。准确地说，它来自学生的学业进步，来自学生的身心健康发展，来自学生的爱学科、爱教师的情感回馈。

教师的劳动情绪伴随在其对教书育人工作的整体体验中。教师对教学工作的成功感、获得感，也会包裹着教学感，或会成为其支撑、干扰的因素。如果教师能够适度排解不良情绪，分离教书育人意义感与个人职业发展的倦怠感，保持一颗相对纯粹的心，聚焦在教学行动本身，其教学感的获得就会更加真切、真实。

附：

什么是幸福？

曾经在路上，看到一辆小汽车的后面用漆喷了三行字："幸福就是猫吃鱼，狗吃肉，奥特曼打个小怪兽！"是的，幸福无法用金钱、地位、财富衡量，就像在炎热的广州，你被晒得大汗淋漓，突然到了开着空调的家里，你会觉得很幸福；劳累了一天回到家里，看着准备好的晚餐，你会觉得很幸福；美美睡上一觉；和几个好友穷游；雨中有人送伞；亲手调制爱吃的饭菜，这些都会让你感到幸福。

幸福是一种感觉，而感觉只有自己可以体会，带着幸福的感觉工作和生活会是怎样呢？

从教17年，做了17年的班主任，教着17年的同一学科，你会有什么感觉？不可避免的职业倦怠，这份倦怠依个人口味或长或短，或早或迟。

如果带着这份倦怠一直工作27年，是多么可怕的事情，想想不愿意上班，想想40分钟的课堂那样漫长，想想每天都要和一群不知天高地厚的学生周旋，想想没完没了的会议、总结、教研……只要睁开眼睛，你难道不会被这些不愿面对的倦怠折磨得精神萎靡、提早衰老吗？更重要的是，本该快乐的每一天，都被这份倦怠荡涤得狂躁和怨怒。

作为小学教师，我努力地在日复一日中找到自己的幸福感，其实做一个快乐的师者很简单——保持童心，倾听童声。

2014年，送走了倾注6年心血和精力的一届学生，重新接手一个四年级，不舍的情感和不适的落差，让我深深苦恼和烦躁。

记得开学不久，执教《爬山虎的脚》，板书后我问学生：你们了解爬山虎吗？话音未落，各种声音此起彼伏：老虎、豹纹虎、壁虎、会上山的导弹虎、飞毛腿导弹……开始，学生还是压着声音小声说，30秒后，他们目中无人、隔空喊话。那一刻，如果可以穿越，我的灵魂就会看到头上燃着一团熊熊的火焰。我一个人要对着二十几个人喊话吗？经验与理智让那一团怒火变成青烟，再蓄成脸上等待的笑容。声音慢慢散去，学生等待着我发火的眼神，露出些许惧意。我轻轻一笑：你们男同学那么喜欢动物世界和军事知识，课后我们就开展一场专门的讨论吧。长吁一口气，我们终于可以愉快地向植物爬山虎进发了。

学习《鸟的天堂》时，品读"到处都是鸟声，到处都是鸟影。大的，小的，花的，黑的，有的站在树枝上叫，有的飞起来，有的在扑翅膀。我注意地看着，眼睛应接不暇，看清楚了这只，又错过了那只，看见了那只，另一只又飞起来了"这部分内容时，大家正沉浸在兴奋、惊喜的朗读中时，平日里最爱捣乱的孩子大声说："我很难过！"大家歪着头看看他，再偷偷地看看我，甚至会有一两个男孩指责他胡说。批评和忽视可以终止他的恶作剧吗？既然不可以，那么问问他内心是怎样想的是不是可以让他自省。我们把所有目光望向他："因为那么多鸟，我看清了这只，就会错过另一只，不能看清楚所有的鸟，所以我觉得作者会很难过！"答案一出，我们都把掌声送给了他，看不清所有的鸟的确是一种遗憾，能静下心来听听他们的童声，理解他们的童心则是我最大的收获！

还记得一次课间，他们在讨论童年难忘的趣事，我听到一两声笨拙的猫叫声，放下书走过去，我和他们比一比谁学的猫叫声最像猫。顷刻间，班里充满粗的、细的、高的、低的猫叫声。于是，关于猫的趣事蔓延开来，我讲我的猫是如何总能找到我睡觉的地方拼命地用爪子扒，钻进我的被窝，他们则讲到如何看着猫的牙齿黄黄的，然后用绳子把猫的腿绑起来，用牙刷和牙膏给猫刷牙的无知和恶作剧。于是，《给猫洗牙》的习作诞生并发表在《现代中小学生报》上，从此给猫洗牙的小丫头爱上了语文。

由此，获得了一颗颗敞开的童心，便觉得每一节课都是倏然而逝，快乐总是那么多！课室外边的走廊经常有学生打闹和奔跑，为了遏制这种现象，我们的"小小书法家"写了三幅书法作品，予以提示，第一幅贴在了教室前边的外墙上。课间刚刚贴完，便有"小密探"来报，两个"飞毛腿"穿越四个班教室前面的走廊相互追赶。于是他被罚站在标语面前读三遍张贴内容："轻声慢步靠右行，礼仪修养在言行。宁学花猫步轻盈，不当螃蟹总横行！"当读到"宁学花猫步轻盈"的时候，两个男孩子竟然高抬腿轻落地学猫走；当读到"不当螃蟹总横行"的时候，两个人竟然如此默契地把两只手掰向外边左右移动。那份滑稽和天真任谁都是忍俊不禁，我们哈哈大笑起来，瞬间都是横行的"螃蟹"，我们一起做着动作，一起哄堂大笑，再也不会忘记我们曾有这样的约定！

回首每一天的生活，难道不是你对着镜子笑，镜子也会对着你笑吗？保持童心，始终不忘自己当初的选择；拥有童心，让每一天的工作都充满幸福！

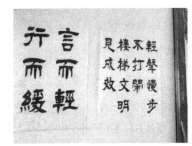

图2-1　学生作品

四、"一点三圈"课内外阅读相结合模式提倡教师少说，学生多讨论

胡适先生曾说："课堂只有讨论，不用讲解。……除了补充和讨论以外，实在没有讲解的必要。"讨论是培养学生思维最好的途径，虽然

阅读的目的并不特别指向于此。事实确实如此，尤其在21世纪知识信息时代，知识呈几何式急剧增长，加之互联网的普及和应用，人们面临各种丰富而繁杂的信息，其中一个重要的能力就是思维能力。思维能力的培养有其理论模型，但合作学习、讨论、辩证无疑都在促进思维能力的发展。著名儿童心理学家皮亚杰说，儿童通过争辩不断调整自己，使自己不断进步和成长。

读书的见解和感受没有对错，不必说服别人同意或赞成自己的观点，要保持自己的见解，因为很多观点是在讨论中逐渐清晰的。不同的年龄段、不同的人生经历、不同的文化底子，都可能对文本做出不同的解释。学生在他们这样的年龄去领悟文本的某个层面的意义，就已经足够，他们还有更长的人生领略经典文学呈现的经典情境。

阅读教学永远在各类预设和生成的矛盾中前行，解决的根本之道还是把生成的机会、权利还给学生，让学生的生成在课外阅读实践与课堂学习的连接机制中持续发生。学生大量阅读"刷新"、储存的课程资源，是一种课堂外生成的、备用的资源。学生在课堂教学的师生互动、生生互动讨论中，会产生自己独特的见解，只要教师意识到和捕捉到，并予以重视和开采，源自学生的生成性课程资源就能起到较好的作用。活用学生身上的课程资源，让学生成为随时的小助手、"小老师"，扮演教自己、教同学的角色，势必会带来更多的课堂生成，建构出生成性、开放性的教学模式。

正确的生成性课程资源的挖掘，基于教师引导下学生大量的阅读实践获取的信息、理解和思考。教师因势利导地在正确时间、选择正确方式，让学生的阅读转换出来，既让学生的"金字塔学习原理"得到验证，又让阅读课堂增加了"小老师"的成分，生成了众多主讲者，也生成了众多课程资源。同时，由于学生分享、聆听、评价的大量存在，教师的角色也偶尔"退居二线"，变成"导演"，学生成为切换的主角和众多的主演，把大家"导游"到各个作家的书目上，拓展到与主题相关的其他作品的世界之中。基于课本、单元主题的发散式学习，在几条线上自然生成、延展。

不论是成年人还是儿童，口语表达的加强、阅读经验的积累都不是一蹴而就的，除了学习相关技巧，最重要的就是"多讨论"和"多分享"，因为在分享给别人之前一定先分享给了自己，也在听自己内心的声音。回想我们的备课和教学，很多时候我们做好了预设，带着自己想要的结果与学生对话，并且非常期望学生的回答能朝着我们想要的结果行走，以保障课堂环节的相扣、教学流程的顺畅、教学时间的恰好。因此，不管是教学设计，还是过渡性的导语，我们的课上都会有一定的"暗示"或牵扯的痕迹。艾登·钱伯斯的话让我们警醒："阅读讨论中的只言片语都弥足珍贵，插科打诨也是。这些笑料有时往往出人意料地将我们带入问题的核心。别低估了笑话的作用。"

让学生不迷信权威，在质疑中加深自己的感受和理解，是对学生发散思维能力的培养，也可以激发人性中好为人师的自信与激情。教师要做的是如何让学生明白地去讨论，不要破坏学生的阅读兴趣和自我表达。

五、"一点三圈"课内外阅读相结合模式提倡教师的勤于跟踪和多样评价

杭州高一第二轮读书活动书籍推荐清单，在"经典的文化著作如何阅读"中有一段阐述特别令人感动：一个人一生无法避免与人类的精英分子对话，可能我们的学养还无法企及学者或者文人的高度，可能我们对社会生活的理解还非常粗浅，但是不要害怕阅读，不要害怕那些鸿篇巨制。每本书都是一个思想体系，我们借此明理，借此摆渡自我，借此步向更广阔的人生。经典著作可以参编读者的话或者译者的话，而晦涩

处姑且放过，有心得处做圈点勾画或者记录之。你会发现，宏阔的视野给人助益良多，你发现自己不会再被轻易蒙蔽，不会再在洞穴里生存，光明会照亮你的生活。与此同时，我们也慎重地提出，不要让自己的大脑成为别人的跑马场，认同而不崇拜，反对而不偏激，学术的种子才可能生根发芽。阅读需要坚持，半途而废的阅读危害堪比一场草草结束的战争。

激励和保障学生坚持阅读的动力就是教师的勤于跟踪和多样评价。尤其对于小学生来说，得到关注与共鸣胜过任何物质表扬：尊重他们的观点，认可他们的见解，盛赞他们的推荐。

比如，把课外阅读的汇报分享变成常态课。必读书目阶段性的汇报，了解学生必读书进展到哪一步，是否可以按照原计划完成，提醒读得较快的学生可以再读得细些，速度较慢的学生加快阅读步伐，主要是给予大部分人肯定和激励，以保证他们坚持阅读的兴趣。汇报大多数情况是阅读同一本书的汇报，作为读书中段的汇报和分享，学生交流自己读到了哪里，收获怎样，读过的部分哪里是自己最喜欢或最有收获的，把自己画出的地方或批注读给大家听。

对选读而言，汇报课旨在了解学生在读的状态，重要的是通过学生汇报自己正在阅读的书的收获和乐趣，促进彼此读书速度；通过听取别人的介绍，自己对哪个同学在读的哪本书产生了兴趣，明确自己下一步选读书目。

阅读汇报课既是师生阅读的自我监控，又是阅读进程的自我调节，还是继续阅读的自我激励。这种课不是常规意义上的具体内容学习上的"教学感"体现，而是对学生整体阅读行动情况的"全方位感知"，是学生自主汇报和观摩同学汇报之后获得了阅读进展、阅读能力、阅读效果等多方面的信息收集与直觉判断，并在无形中完成了教与学的自我对照、自我激励、自我调控。

又如，按计划召开课外阅读交流展示课，目的是通过这样的形式，让学生感受读书带来的成就感，从而更加喜欢阅读。展示的成果可以是PPT、手抄报、读书推荐卡等。无论哪种形式，教师都要给予表扬和奖励，并通过班级博客、班级QQ群、公众号、校刊校报、展板等形式展示他们的收获，让他们体会读书带来的丰富多彩的生活。

汇报课和展示课，如同截流的堤坝，让学生课外自主阅读的小溪汇聚到课堂，能够被监测，能够被看到，能够掀起小波澜，通达每一个参与分享的学生心灵。当然，阅读过程中的一个微笑、一个动作、一个眼神、一句话都可以是对学生阅读的激励和评价。

图2-2 读书创意卡

第三章

"一点三圈"课内外阅读
相结合的基本模式

关于教学模式，学界有多种界定。本章简介其中两种，第一种是结构说，认为教学模式即教学结构，是在一定的教学思想指导下建立的比较典型和稳定的教学程序；第二种是理论说，认为教学模式是在教学实践中形成的一种设计和组织教学的理论，这种教学理论是以简化的形式表达出来的。"一点三圈"课内外阅读相结合模式在大阅读思想指引下，构建课内阅读与课外阅读的自然融合机制，以"得法于课内，得益于课外，课内外相互促进"的策略，开放面向生活、面向更广阔阅读天地的课堂学习。

第一节 "一点三圈"课内外阅读相结合的基本模式概述

　　"一点三圈"课内外阅读相结合模式构建的前提是立足课堂、关注平时、关注过程，不是单纯为课外阅读而阅读。教师要对教材、单元进行整体把握，如教材中的"专项阅读"与单元内容的关系，与教材内容相关的课外阅读，教学参考中推荐提及的课外阅读，符合学生年段阅读需求和发展需要的阅读，并对课堂教学内容进行仔细研读，确立搭建课堂内外"一"与"三"的连接点。"一点"的确定不是随意而为，而是在对教材整体把握、单元整体备课、文本整体解读的基础上进行反复确认，这个点连接着学生的精神世界、现实生活，或者与本单元本课的作者、体裁、内容、结构、情感有关的触发点、共振点、兴奋点。教师在进行备课时，它会变成一种教学理念与意识，也是一种方法。在教学中，我们一边实践一边调整并进行研究总结。也就是说，"一点"的确定来自学生需求和成长需要，来自语文课本，而不是其他地方。

　　语文教材选编的很多文章都不是孤立的，它们从原著中选取或改编。因此，原著中的许多内容就可以作为课文阅读的补充与拓展，从一篇课文的阅读拓展到对书中相关篇章的阅读，过渡到整本书的阅读，对开阔学生的视野、提升学生的阅读能力起到重要作用。在分析国内外阅读现状的前提下，构建"一点三圈"课内外阅读相结合模式，即以课内阅读为切入点，实现第一圈课内阅读学习，引出第二圈同主题文章阅读，再进行第三圈相关整本书的推荐。该教学模式有计划地将课内阅读和课外阅读紧密联系在一起，使两者不再分割。

我们通过集体备课，进行第一圈阅读——课内阅读，找出课内阅读引向课外阅读的立足点，即"一点"。这一点要清晰地体现在教学设计环节中，同时做好被指向的课外阅读材料的筛选和补充，既与第一圈阅读相关联，也对理解和掌握第一圈学习起到深化和补充作用。第二圈阅读，全面呈现课堂补充材料，引发学生的喜爱，激发学生阅读整本书的兴趣。第三圈阅读，引导学生带着兴趣进行整本书阅读，逐步进行抱一牵一放，形成"一点三圈"课内外阅读相结合模式的建构。

例如，在学习《临死前的严监生》时，首先，我将阅读的切入点（"一点"）放在严监生临死前的种种表现上，"'你是为那灯盏里点的是两茎灯草，不放心，恐费了油。我如今挑掉一茎就是了。'说罢，忙走去挑掉一茎。众人看严监生时，点一点头，把手垂下，登时就没了气"。围绕此句，我引导学生体会严监生临死还不忘多燃一根灯草的可笑可悲人物形象。在此处呈现第一圈阅读材料："他家有十多万银子，钱过百斗，米烂陈仓，僮仆成群，牛马成行……"这显然是一个富庶的大户人家，作为这个大户人家的一家之主，严监生却为一根不值钱的小小灯草留恋尘世。其次，补充材料，让学生与课文句子进行对比，加深学生对人物形象的理解。严监生吝啬的形象在学生脑海形成的时候，在学生为此唏嘘感叹之际，补充第二圈阅读材料："严监生老婆得了重病，他每日请四五个医生用药，都是人参、附子；大老婆王氏去世，他自此修斋、理七、开丧、出殡，用了四五千两银子，闹了半年；两位舅爷去考取功名，他送了几百两银子给他们做盘费；他的哥哥惹上官司，他不惜大把银子帮助解决……"此处材料的补充，又颠覆了学生对课文中严监生的认识，这样一个吝啬、临死都放不下一根灯草的人，竟然对亲人十分慷慨大方。在学生百思不得其解、内心充满疑惑、渴望继续认识严监生的时候，我将描写严监生完整的全文推荐给学生，让学生跳出文本认识更"完整"的人物形象。像严监生这样形象鲜明的人物，在《儒林外史》中还有许多，作家吴敬梓借文字的力量塑造了历史环境下不同的人物个性，用讽刺的写法呈现了小说不一样的表达，顺理成章地完成了第三圈阅读，即整本书的阅读，推荐《儒林外史》，让学生继续体会课本之外丰富多彩的文学人物形象，多角度、全方位感受文学的魅力……

阅读习惯的培养是要讲究教学梯度的，"一点三圈"课内外阅读相结合模式的构建正是这样有梯度地层层扩展和上升。

第二节 "一点三圈"课内外阅读相结合模式的评价

《义务教育语文课程标准（2022年版）》以任务群为课程内容组织与呈现方式，专设了"整本书阅读"的拓展型学习任务群。关于这一任务群学习的评价，新课标很明晰，即"主要考查阅读整本书的全过程，以学生的阅读态度、阅读方法和读书笔记等为依据进行评价"。"一点三圈"课内外阅读相结合模式下对学生阅读开展的评价目标很明确，让学生的阅读做到：有兴趣、能持续、个人体验、主动分享、阅读反思。

一、用学生喜欢的方式去评价

1. 选择自己喜欢的方式

在共读一本书或自由阅读书籍之前，教师让学生选择自己喜欢的方式呈现阅读结果，比如，可以选择写读后感，可以做读书笔记，可以画思维导图，可以课前或课后分享精彩片段、读书推介卡，可以画插图，等等。

2. 让简单的评价表发挥大作用

阅读结果以小组为单位进行简单评价，星级评价三星及以上，成果形式将在班级宣传栏、班级视频号进行展出。

表3-1　阅读评价表

阅读书目	展现形式	星级评价
《海底两万里》	分享精彩片段	

二、关注过程性评价

过程性评价是对学生在读状态的监控，也是保证学生阅读兴趣进而能持续阅读的动力。学生在分享汇报时就是在表达自己独特的阅读体验和收获。学生的阅读成果编成作文集是一种评价，编成创意卡集也是一种评价。无论阅读成果是什么形式，我们都不设置固定的阅读时间，比如，第1～4天要读完多少内容，并且以学生互评形式督促读得慢的同学，也是对阅读能力强、阅读速度快同学的一种肯定和表扬，读得慢的同学会在同学的带动或在精彩内容吸引下加快阅读速度，最大限度地保障阅读的兴趣和自由，尊重阅读的本质。

1. 进行必读书目的阶段性汇报

了解学生阅读的进展情况，确定是否可以按照原计划完成。提醒读得较快的学生可以再读得细些，读得慢的学生要加快阅读速度，并给予大部分人肯定和激励。汇报大多数指的是阅读同一本书的汇报，作为读书阶段性的检查和汇报，学生可以交流阅读同一本书后的感受、收获，表达自己最喜欢或最有收获的内容是什么，并把自己画出的地方或批注读给大家听。

2. 选读书目的汇报

汇报课除了可以了解学生在读的状态、阅读书籍的收获和乐趣，还可以激发学生读书的积极性。学生通过听取别人的介绍，发现自己对哪个同学在读的哪本书产生了兴趣，明确自己下一步选读书目。所以，汇报课可以充分发挥同伴间的影响力。

三、总结性评价以展示、鼓励为主

总结性阅读评价重视展示的多样性和全面性。

1. 开展交流展示课

开展交流展示课的目的是让学生感受读书带来的成就感，从而使他们更加喜欢阅读。展示的成果可以是幻灯片，可以是手抄报，可以是读书推荐卡，等等。无论哪种形式，教师都要给予他们表扬和奖励，并通过班级博客、班级QQ群、展板等形式展示他们的收获，从而让学生体会读书带来的丰富多彩的生活。

2. 从课内到课外的学习迁移能力

用课内阅读习得的阅读方法自学其他同类文章，如人教版五年级下册《桥》一文，学生在课上习得的阅读方法有：

（1）描写环境的句子对文章表达思想的烘托作用；

（2）上下文对烘托人物动作矛盾产生原因的作用；

（3）展开想象，思考上下文对读者体会人物为何受到百姓"拥戴"的作用。

以上方法层层推进，将人物的形象和高贵的品质定格在我们的脑海。让学生用类似的方法，自学并批注同主题文章《哑巴渡》《沙漠悲歌》等，之后进行交流汇报，教师给予肯定。

3. 课外阅读与口语、习作的整合运用

注重课前积累，课上综合运用。在确定口语或习作主题后，鼓励学生回忆自己读过的书籍或积累的相关好词好句，浏览或读一读，可以为自己的习作积累素材，也可以在模仿和借鉴中提升自己的习作，逐渐形成自己的思想。对能将课外阅读"学以致用"，尤其是将课外阅读学习到的好句及写法运用到习作当中的学生，教师要及时表扬。在这样的氛围下，学生能养成主动阅读、主动积累的好习惯。

4. 在活动中进行阅读成果展示

定期开展优秀读书创意卡展示评比、优秀读后感展示、优秀读书笔记展示、最具创意思维导图展示等，依托学校的读书节开展讲故事、好书推荐、辩论赛、美文诵读等活动。积极推荐和指导学生在报纸杂志、公众号等媒体上发表文章，让学生品尝阅读带来的收获成果。

四、阅读反思

高年级的阅读，在阅读过程中，适当增加对阅读中基本内容、理解、感悟和思考的评价，让学生能在活动中安静地阅读和领悟，对照他人的阅读态度、阅读习惯、阅读方法进行反思，如通过简单的纸笔测试、打擂台等形式通关进阶。

学生的阅读不是以读完为目的，而是使学生在读的过程中享受喜悦，收获和尊重个人体验。即便是提供了阅读支架的阅读，我们在评价上也是有更多的弹性，没有限制明确的标准，比如，一定要达到怎样的程度，才会得几颗星等。学生阅读的能力一定是存在差异的，何况阅读是个性化行为，学生的阅读收获更多的是精神层面的愉悦、获得。因此，所谓的评价是为了给学生最大的奖励性机制。在实施过程中，要注重生本互动、生生互动、师生互动、亲子互动、家校互动等，以对课内外阅读相结合产生有效的影响。

第四章

"一点三圈"课内外阅读相结合模式的开展

2016年9月秋季学期，三科统编教材的起始年级在人教版原有教材的基础上投入使用。从2019年秋季开始，全国所有省份的小学语文教材一次性更换为统编教材。我所在的广东省广州市，小学之前使用的一直是人教版的教材。以上教材投入使用的时间，意味着2016年秋季入学的学生开始使用部编版教材（新版教材），到2019年他们使用部编版教材已经三年。2019年秋季开始，就读的四年级学生前三年使用的是人教版，四年级开始以后是部编版，两个不同版本在知识的储备量和技能训练水平上存在很大差异。同样，对就读六年级的2014级入学的学生来说，他们在小学生涯的最后一年使用新教材，前五年新教材当中出现的不同于人教版的知识或缺失的内容如何补缺呢？当时，我们做了认真的思考和实践工作。

《国家统编小学语文教科书教学指导——与其他版本教科书比对研究》一书中，提出"补学补差，平稳过渡"的主旨，对重复的课文怎么教，缺失的内容和断层点怎么补给出了一些建议，如对识字写字的学习，提出随文补学和集中补学两种方式。随文补学，即在学习现有知识的同时，将与本知识、本课出现的或相关的其他年级知识进行随文补认、补写；集中补学，即对现学教科书中未出现的生字进行集中归类学习和书写。

以2014级当时六年级的学生为例。对于六年级即将升初的学生来说，除了识字写字、日积月累、选文（尤其是古诗和文言文）、阅读策略、习作要求等相关语文要素，一个学期进行知识和技能补缺在时间上存在困难，在全民网课的背景下，随文补学的形式也受到了限制。受这些因素的影响，六年级学生在小学毕业前，如何进行"查漏补缺"？通过对比，我们惊喜地发现，我们开展的大量阅读恰在无形中与新教材提出的大量阅读理念和要求一致，甚至有些学生的阅读量已经远远在"要求和建议"之上，最好的"补缺"就是继续激励学生进行大量的阅读。另外，对于一些基础的生字词，我们以自创短文的形式将重点生字词嵌入其中，呈现给学生，避开机械枯燥地识记。

小浣熊的喜悦

白天，森林外，人类生活的地方。挂着木棍的老爹爹大声叱责偷懒的驴子；花圃里柳枝猗旎，枝上鸟儿啼鸣，老奶奶戴着漂亮的手镯在给牡丹花浇水，把菜籽撒在肥沃的土地上。一户人家聚在一起大口吃着熏肉，喝着自家酿的酒，肉的香味、酒的香气缭绕在空气中。一群孩子正在光滑的地面上抽打着陀螺，渴了就拿起旁边的碳酸饮料一饮而尽。

晚上，森林里，潇洒的小浣熊在树间活跃地蹦跳。白天的休息让此时的它精神十足。汛期的时候，河里的鱼数不胜数，比任何时候都活跃，即便小浣熊懒洋洋的，也随时能在跳跃起的鱼群中逮住一两条。汛期一过，小浣熊的日子不像以往那么潇洒了，它开始吃鸟蛋，吃小型的两栖动物。当它把偷来的鸟蛋浸在水里洗来洗去的时候，它就想吃鱼。这个时候，它要在湖边的淤泥里站好久，窥探鱼群或哪一条倒霉鱼游过来，成为它的餐食。

汛期的时候，小浣熊见过人类的队伍来森林里捕鱼，有时白天，有时夜晚，若是夜晚与他们不期而遇，人类会远远地绕开它或者就撤退了。

开始，小浣熊总以为自己站在淤泥里脏了皮毛，发出的臭味吓跑了人类，后来它才知道，这是他们表达友好的方式。

小浣熊听不懂他们在说什么，也没人能翻译给它听，但小浣熊从不难过，它觉得平静的心里总有一点点喜悦感。

朗朗乾坤，一切太平，你喜欢文中的它们吗？

文段设计说明：这篇文段中共随文呈现了30个生词语，其中"浣熊"出现7次，"汛期"出现3次。尽量构建"字不离词、词不离句"的语境使学生识字。在借助这种形式识字的目的下，编写的文段能尽量生动有趣，吸引学生乐于阅读，并构建文章的合理性，突出一定的主题，让学生在阅读中淡化刻意识字的目的，在潜移默化中完成补学任务。

该文段用拟人化的手法、生动有趣的表述，尽量符合学生善良童真的心理。短文结合小浣熊的活动，写出了它的生活习性，也写出了人类的活动离不开自然，要与自然万物和谐共处。在当前形势下，短文借此告诉学生与自然、与动物的相处之道——保持距离，互相尊重。

统编版新教材中纳入了更多专项"阅读元素"，比如，"我爱阅读""和大人一起读""快乐读书吧""阅读链接"等，打破了课内外阅读的界限，拓宽了学生的阅读视野，更好地提升了学生的语文素养和能力，确保了学校的课程体系、教师的教学计划里有"阅读"，为更好地开展课外阅读提供了平台和资料。

第一节　统编版教材中专项阅读的设置

通过梳理，我们不难发现，统编教材构建了"精读—略读—课外阅读""三位一体"的阅读教学体系。和人教版相比，教师省下了去寻找阅读资料的精力，更多的阅读资源信手拈来，目录的选择和推荐也有了"可靠"的来源和依据，凸显了课内阅读与课外阅读关联紧密的特点。2011—2019年，我们立足课堂、教材，补充了大量阅读资料。现在统编版教材上编入了大量的阅读资料，更加说明了阅读的重要性以及课外阅读与课内阅读的关联紧密性。"专项阅读"怎么读？如果单独教学，就会出现与课文教学、单元教学相割裂的问题，违背了教材编写的意图。"专项阅读"的设置本身与教材单元内容的学习都具有紧密的关联性，因此，"专项阅读"的开展要与单元内容进行整合，融入单元教学的环节，即"一点三圈"中"一点"的确定和设置。

表4-1　一、二年级阅读书（2019年）

单元	一年级"和大人一起读"		二年级"我爱阅读"	
	一年级上册	一年级下册	二年级上册	二年级下册
语文园地一	儿歌《小兔子乖乖》	儿歌《谁和谁好》	童话《企鹅寄冰》	散文《笋芽儿》
语文园地二	儿歌《剪窗花》	散文《阳光》	儿歌《十二月花名歌》	儿歌《一株紫丁香》

续 表

单元	一年级"和大人一起读"		二年级"我爱阅读"	
	一年级上册	一年级下册	二年级上册	二年级下册
语文园地三	故事《小鸟念书》	故事《胖乎乎的小手》	故事《王二小》	童话《小柳树和小枣树》
语文园地四	童话《小松鼠找花生》	绕口令《妞妞赶牛》	短文《画家乡》	故事《手影戏》
语文园地五	童话《拔萝卜》	童话《狐狸和乌鸦》	寓言《刻舟求剑》	故事《好天气和坏天气》
语文园地六	儿歌《谁会飞》	童话《夏夜多美》	传说《鲁班造锯》	故事《最大的"书"》
语文园地七	童话《猴子捞月亮》	儿歌《孙悟空打妖怪》	儿歌《分不清是鸭还是霞》	童话《月亮姑娘做衣裳》
语文园地八	童谣《春节童谣》	童话《小熊住山洞》	童话《称赞》	故事《李时珍》

表4-2 统编版小学语文（2019年）1～6年级"快乐读书吧"阅读书目

年级	学期	教材内容与主题	推荐书目
一年级	上学期	第19页"读书真快乐"	《和大人一起读》
	下学期	第16页"读读童谣和儿歌"	《读读童谣和儿歌》
二年级	上学期	第15页"读读童话故事"	《小鲤鱼跳龙门》《"歪脑袋"木头桩》《孤独的小螃蟹》《小狗的小房子》《一只想飞的猫》
	下学期	第15页"读读儿童故事"	《神笔马良》《七色花》《一起长大的玩具》《愿望的实现》
三年级	上学期	第43页"在那奇妙的王国里"	《安徒生童话》《稻草人》《格林童话》
	下学期	第31页"小故事大道理"	《中国古代寓言》《伊索寓言》《克雷洛夫寓言》
四年级	上学期	第59页"很久很久以前"	《中国古代神话》、《希腊神话与英雄传说》、《世界经典神话与传说》、

续 表

年级	学期	教材内容与主题	推荐书目
四年级	下学期	第33页"十万个为什么"	《十万个为什么》、《人类起源的演化过程》、《看看我们的地球》、《中国科普作品精选》(上下册)
五年级	上学期	第47页"从前有座山"	《中国民间故事》《列那狐的故事》《非洲民间故事》
	下学期	第39页"读古典名著,品百味人生"	《西游记》《红楼梦》《水浒传》《三国演义》
六年级	上学期	第67页"笑与泪,经历与成长"	《童年》《小英雄雨来》《爱的教育》
	下学期	第39页"漫步世界名著花园"	《爱丽丝漫游奇境》《骑鹅旅行记》《汤姆·索亚历险记》《鲁宾孙漂流记》

第二节　低年级阶段课内外阅读
相结合模式的开展

以低年级阶段为例，一年级"和大人一起读"都能在关联单元中找到对应的内容，教师在教学前要心中有数，研读教材，只有这样才能提早预设"一点"的生成，做到生成自然和谐、合适恰当。

低年级阶段学生以激发兴趣为主，学习多以有声形式呈现，因此，低年级阶段的阅读，教师都可以"简简单单教"，学生也可以"简简单单学"。

一、二年级共四册教材，虽然是低年级阶段，但选文精美，内容涵盖广泛。谚语、童谣、歇后语、儿歌，尤其是经史子集相关内容的选入，从根源上熏陶和濡染学生的性情，这些先辈智慧的结晶，高度浓缩了中华千年来的文化传承。

以统编版为例，一年级上册识字1第5课的《对韵歌》："云对雨，雪对风。花对树，鸟对虫。山清对水秀，柳绿对桃红。"一年级下册识字1第2课的《姓氏歌》，识字2第6课的《古对今》、第8课的《人之初》，这些内容包含声律、对韵、历史、常识等知识。

再看语文园地中的"日积月累"，一年级上册"语文园地七"中的"日积月累"："种瓜得瓜，种豆得豆。前人栽树，后人乘凉。千里之行,始于足下。百尺竿头,更进一步。"一年级下册"语文园地六"中的"日积月累":"朝霞不出门,晚霞行千里。有雨山戴帽,无雨半山腰。早晨下雨当日晴,晚上下雨到天明。蚂蚁搬家蛇过道,大雨不久要来到。"二年级上册"语文园地七"中的"日积月累"谚语《数九歌》,二年级下册"语文园地七"中的"日积月累"谚语《二十四节气歌》。这些谚语蕴含了先人的智慧。

低年级阶段教材"日积月累"中选自经史子集的内容也有很多,将中华优秀传统文化从学生刚入学时就开始渗透。例如,一年级下册"语文园地七"选自《论语》的"敏而好学,不耻下问",《荀子》的"不知则问,不能则学",董遇的"读书百遍,而义自见",董其昌的"读万卷书,行万里路";二年级上册"语文园地二"中的"日积月累"是选自《论语》的"己所不欲,勿施于人""与朋友交,言而有信"以及《孟子》的"不以规矩,不能成方圆";"语文园地四"中的"日积月累"是"有山皆图画,无水不文章。白马西风塞上,杏花烟雨江南。清风明月本无价,近水远山皆有情。雾锁山头山锁雾,天连水尾水连天";"语文园地六"中的"日积月累"选自《后汉书》的"有志者事竟成",诸葛亮的"志当存高远",王勃的"穷且益坚,不坠青云之志";二年级下册"语文园地三"中的"日积月累","子鼠、丑牛、寅虎、卯兔、辰龙、巳蛇、午马、未羊、申猴、酉鸡、戌狗、亥猪";"语文园地四"中的"日积月累"选自《左转》的"失信不立",《管子》的"诚信者,天下之结也",《韩非子》的"小信成则大信立";"语文园地五"中的"日积月累"内容选自《弟子规》,"冠必正,纽必结,袜与履,俱紧切……"。

仅仅两个低年级阶段教材中的"日积月累"就涵盖了前人经验的谚语,经史子集中的对联、警句,有为人之道、读书之道、求学之道、生活之道等。

再看课文，二年级上册第12课《坐井观天》选自《庄子·秋水》，二年级下册第12课寓言两则《亡羊补牢》《揠苗助长》分别改选自《战国策·楚策四》和《孟子·公孙丑上》，这些短小的文言文呈现在低年级阶段学生的课本中，用通俗易懂的表述传承着中华文化博大精深的哲学内涵，熏陶着学生的中华魂、民族根。教师只有敏锐地捕捉和借助这些点，才能为学生打开通往更广阔阅读世界的大门。

"一点三圈"课内外阅读相结合模式倡导教师通读12册语文教材，对学生小学阶段语文知识有整体把握，通盘考虑，为长远之计。通过梳理低年级4册教材，再结合高年级知识之间的关联性和进阶性，我们就课文（包括识字和日积月累）到阅读（读书）进行如下尝试。（部分案例）

一、多种形式，晨读经典

1. 结合教材内容，确定早读书目

一年级上学期早读内容：《百家姓》《声律启蒙》《日有所诵》

一年级下学期早读内容：《弟子规》《千字文》《日有所诵》

二年级上学期早读内容：《笠翁对韵》前半部分、《日有所诵》

二年级下学期早读内容：《笠翁对韵》后半部分、《日有所诵》

2. 朗读形式多样，容量循序渐进

一年级上学期前两周可采用录音跟读的形式，既可以是教师的录音，也可以是网上的资源，网上的很多音频资源都是很好的。对于资源的使用，教师要事先把关，如《弟子规》中有些内容已经不符合现在的生活实际，就要对朗读内容进行删减。教师也可以直接买专门供小学生使用的学生版图书，一般低年级阶段的都会标注拼音，对学生的拼音学习和识字也会有一定的帮助。只要想做，办法就会有。

两周后，教师可以依据对学生的了解，培养领读小班长，让学生在

小班长的带领下朗读。一般两周之后，学生已经不愿意再跟着录音朗读了，他们开始嫌弃"录音读得太慢了"。

除了领读外，朗读也可以男生、女生对读，还可以跟着朗读的节奏打拍子诵读或小组接龙读等。

学生年龄小，在内容上可采用循序渐进的方法，增加学生的熟悉度。比如，第一天早读内容是1～4处，第二天早读内容是1～5处，第三天是2～6处，以此类推，具体根据学生的表现而定。

3. 评价无处不在，时时夸奖赞赏

低年级阶段学生喜欢教师，特别在意教师的评价，全校最受欢迎、最热情的就是一年级的任课教师，动不动就收到学生的真情表白——一张卡片或一张纸，画一个人、一朵花、几棵树、两片云、一颗爱心，歪歪扭扭，拼音加汉字写着："老师，我爱您；老师，您辛苦了……"学生喜欢、老师心暖，是一场双向奔赴的爱。所以，低年级阶段的教师该不吝赞美和表扬，当然表扬不是空泛的"你真棒"，而是有具体针对性的内容，让学生知道自己被表扬的点在哪里，也让其他同学知道怎样做是对的，是可以得到老师表扬的。在学生跟读录音的时候，也正是观察学生的时候：表扬某某的坐姿，表扬某某读得准确，表扬某某精气神好，等等。

跳一跳摘桃子，无疑会激发学生的内驱力，每周末进行的"晨读小明星"评选，让学生充满期待，即便落选了，下一周的评选很快会到来，又给学生带来了努力的希望。

期末的评价综合学生"晨读小明星""阅读小明星"等多方面因素进行衡量。

二、立足课堂，延展阅读

1. 专项阅读

一、二年级课本中的专项阅读是"和大人一起读""我爱阅读""快乐读书吧"。它以激发学生阅读兴趣和培养学生阅读习惯为主，内容丰富有趣、充满童真，是让学生爱上语文、爱上阅读最好的途径和载体。"和大人一起读"编在一年级，全册共16篇，分布于每个单元语文园地的最后一个板块。"我爱阅读"编在二年级，全册共16篇，也处在每个单元语文园地的最后一个板块。"和大人一起读"与"我爱阅读"，两个栏目的选文体裁多样，共10篇童话、8首儿歌、7则故事、2篇散文、1则寓言、1个传说、1首绕口令、1篇童谣和1篇小短文。多样性的文体，对于阅读刚起步的学生来说，不仅能激发他们的阅读兴趣，也能促使他们新鲜地读，富有新意地读。伴随着学生阅读面扩展识字量的不断增加，阅读的体裁随之发生变化，也带来了不同的阅读方式和阅读感受。比较"和大人一起读"与"我爱阅读"，"我爱阅读"的选文体裁更多元化，基于"和大人一起读"，增设了寓言、传说等。在这两个栏目的选文中，儿歌和童话的占比是最大的，这也符合儿童的心理，他们喜欢朗朗上口的儿歌、充满奇幻想象的童话。从他们喜欢的、简单的阅读材料中，萌生他们渴望阅读的心理。再从纵向分析，"和大人一起读"的选文篇幅短小，内容浅显易懂。"我爱阅读"的选文，篇幅增多，内容更丰富。这也是符合儿童阅读认知规律的，由易到难，由单一到多元，由浅入深。"快乐读书吧"从一年级到六年级都有设置，它除了扩大学生阅读量，养成学生读书习惯外，更注重课内外阅读、阅读与生活的紧密性。

一年级下册"语文园地一"的"和大人一起读"《谁和谁好》以问答的形式写出了植物、动物、自然万物、人与人之间的紧密联系，内容充满童趣。本单元识字内容2《姓氏歌》也是一问一答将课文以对话的形式生动呈现，因此，在学习《姓氏歌》意犹未尽之时，引导同学自我挑战：多么有意思的对话形式呀，同学们还想做更多的游戏吗？出示"和大人一起读"《谁和谁好》。这种一问一答的形式在一年级上册课文6《比尾巴》已经接触过，同一单元的"和大人一起读"《谁会飞》也是这样的形式。教学时，将《谁会飞》和《比尾巴》进行整合，可以拓展同类文章《谁会叫》。在一年级下册学习《姓氏歌》前，先回顾复习学过的这两篇内容，能对知识起到更好的"瞻前顾后"。

当由精读课文到单篇阅读不足以满足学生的阅读需求时，我们选择将校内的"大人—教师"转变成校外的"大人—成年人"，营造家庭阅读气氛，开展亲子阅读。例如，一年级上册第五单元"和大人一起读"《拔萝卜》不仅故事有趣，语言也很有特点，阅读时可以让学生猜测"后来怎么样了？"激发学生阅读兴趣，也为高段学习阅读策略——预测打下伏笔。朗读时，除了让学生感受语言的特点之外，教师还可以让学生扮演角色演一演，知道萝卜拔出的程度和参与拔萝卜的人或小动物的身形特点、力气大小的关系，搭建知识与生活之间的桥梁；也可以让学生大胆想象，让学生来拔萝卜，续讲故事。回家后，学生可以读给大人听或者演给大人"听"，更可以挑战自我，朗读教师拓展的同类相关阅读如《萤火虫》《月亮走》等，让父母进行评价等。

二年级的"我爱阅读"在一年级阅读的基础上，大部分学生养成了阅读的习惯，也从阅读中找到了读书的乐趣。二年级上册"语文园地一"的"我爱阅读"内容是童话《企鹅寄冰》。在单元学习中，学生认识了到处寻找妈妈的小蝌蚪，小蝌蚪虽然历经失败但是日益成长，最终心想事成。通过"妈妈，妈妈"孩童般惊喜的朗读，可以让学生感受到童话的美好，带给他们心灵无声的滋润。

《我是什么》通过猜谜语的形式，吊足了学生一探究竟的好奇心，使学生知道了大自然的神奇，也激发了学生探究大自然秘密的欲望。不了解大自然会有怎样可爱的事情发生呢？由此整合"我爱阅读"中的《企鹅寄冰》，让学生读后自由表达看法。学生在笑声中急于成为狮子和企鹅之间的传信员，为了不让狮子和企鹅之间的友情受伤害，都想成为大自然的代言人。在学习中，学生也会将一年级阅读过的《小松鼠找花生》代入，这些故事都藏着大自然的秘密。植物妈妈的聪明和对孩子的爱，藏在她让孩子四海为家里。"快乐读书吧"《小鲤鱼跳龙门》中，小鲤鱼的愿望、努力、智慧、成功，充满了浪漫的色彩，这是每个学生的成长向往。《孤独的小螃蟹》中，小螃蟹面对孤独的态度，告诉学生如何接纳自己，寻找自我，这是成长要面对的烦恼。《一只想飞的猫》则是成长中"不吃一堑不长一智"的教训，在嘲笑自作聪明的猫摔得四脚朝天时，学生的发言和笑声便是自我"反思"的潜在教育——从他人身上看到自我。童话的美好在于它用最形象的图画、最有趣的语言、最神奇的想象、最简单的情节，潜移默化地以小学生最容易亲近的方式滋养他们的心灵，做到教化无痕。

一个故事带出一连串故事，一篇课文带出一本书。从课文到"我爱阅读""快乐读书吧"，再到教材外的更多链接阅读，比如《三只小喜鹊说的》《小蟹在篓子里"吱吱"地响》等，最后到阅读"语文素养读本""名著阅读课程丛书""课文作家作品系列"等。从内到外大量的故事阅读已经让学生沉浸其中，因此，在带领学生开展一系列阅读的过程中，"简单教"是最好的教学方式，"大量读"是最好的学习法宝。

2. 与课文相关的拓展阅读

听故事、讲故事，是低年级阶段语文学习中培养语文素养的重要环节。精彩的童话故事、儿童绘本的阅读，可以让学生感受语文学习的无穷乐趣。例如，一年级上册入学教育中"我爱学语文"的"讲故事、听故事"，通过观察头饰，播放《西游记》动画片片段，邀请高年级哥哥姐姐讲《西游记》故事等，激发学生识字、进一步阅读的愿望。学习第一单元"识字一"《天地人》时，播放"天"字起源演变的动画，使学生知道汉字的背后蕴藏着许多神奇的秘密，再拓展讲故事《盘古开天地》《女娲补天》等；在学写"一、二、三"三个汉字时，给学生讲《从三到万》的故事，在认识"口、耳、目、手、足"等字时，教师讲《仓颉造字》的故事，学生也可以讲他们知道的故事，同时将本单元口语交际"我说你做"和识字课堂融合。教师让学生识字、听故事、讲故事、将识得的字在游戏中强化运用，如此可在知识整合中提高课堂效率，给学生留出更多听故事、讲故事的时间。在"识字加油站"《一片两片三四片》中除了拓展识字教材上的《一去二三里》古诗外，还可以把本册书第四单元"和大人一起读"《小松鼠找花生》一起读，一个是"飞入水里都不见"，另一个是"花生去哪了"，在有趣的故事中拓展小学生对生活常识的认知。这是与课文相关的同类题材、同种表达方式的课内外阅读融合。

除了这些阅读，我也会从《人民日报》、教育部发布的阅读指导目录、广州市智慧阅读等官方平台推荐书目中给学生选书，形成课上课下、家里家外学生能随时读到自己喜爱的书。低年级阶段如任溶溶的《没头脑和不高兴》、张秋生的《小巴掌童话》、郑春华的《大头儿子和小头爸爸》、克里斯蒂娜·涅斯特林格的《弗朗兹的故事》、罗尔德·达尔的《了不起的狐狸爸爸》等。

过程性的培养、平时的训练，使学生在阅读中获得了喜悦和独一无二的体验，兴趣一旦被激发，学生就会想去阅读。正如《欢欣岁月》的作者史密斯说："属于孩童的热切渴望，一旦产生，就很少会消失。"学生的兴趣培养好了，在进行"快乐读书吧"和阅读更多的书籍时就会有热切的期望。

3. 低年级阶段的自由阅读——绘本阅读

绘本让学生感受生的快乐，给予学生生的力量，也是让成年人恢复青春活力的源泉。彭懿在《图画书应该这样读》中说："每个人都有自己阅读图画书的方法，这本书里说的只是他一个人的阅读经验。既然可以这样读，当然也就可以那样读了，你要有更好的阅读方法，请你坚持。"读完这本书，我们如获至宝，这里面尊重个人的实践，也给我们提供了可借鉴的阅读方法，尊重与温暖并存。书中"七步读懂图画书"的方法给我们的绘本阅读提供了指引：第一步，从封面和封底开始讲故事；第二步，藏在环衬里的秘密；第三步，文字和图画怎样讲故事；第四步，是什么力量推动我们去翻页；第五步，反复多看几遍；第六步，要看版面设计；第七步，一起讨论。当然，怎样做取决于学生的喜欢程度和实际教学及学校生活的安排。一些教师在阅读绘本的时候，越过绘本书的护封、前勒口、封面、环衬，直接开始阅读内容。但真正的绘本阅读应该从封面和封底开始，封面激发读者的阅读兴趣，能让读者产生"透过外表了解你的灵魂"的欲望，上面的题目、图画、出版社、作者包含了很多信息。封底和封面一样，可能会继续展示一些相关信息，也可能会回应绘本内容中最重要、最有意义的内容，还可能是故事的结局。就像一些电影，片尾出了字幕看似全片结束，然后突然出来故事结局，让观者又惊又喜。比如，《1只小猪和100只狼》，饥饿的狼在列队苦等小猪，而封底偷偷告诉大家：谁也找不到的小猪竟在家中美美地睡大觉了。

然后到了"环衬"。早先，我在阅读绘本的时候，经常忽略"环衬"，因为有些"环衬"很简洁，甚至是空白的，我觉得绘本总是这么精美，又如此"昂贵"，还弄出一页大大的环衬，着实浪费。《图画书应该这样读》让我知道了"环衬"的秘密："环衬"的颜色贴近故事的主题和氛围，"环衬"里简单的图画可能是后面故事的开头，可能是故事的线索，可能隐藏着故事的秘密……我把这一发现告诉学生，他们一下课就去书架上找绘本验证，一旦验证成功就像发现了新大陆一样开心。

绘本不是文字故事，也不是图画故事，而是文字和图画相结合产生的故事，文字表达图画无法展示的内容，图画则埋藏着和故事情节有关的伏笔，学生在寻找线索时开启了乐此不疲的"侦探"之旅。很久之前，我去听清华附小校长窦桂梅讲《我的爸爸叫焦尼》。这个绘本，窦校长讲了两个课时，第一课时讲"文字"，第二课时讲"图画"，当然不是这样简单的表述，而是两者无声自然地交融。听课的教师都被深深感染了，直到现在我还记得当时的激动，原来绘本可以这样教。

"我的童话不只为了儿童，也是为了18岁到80岁之间所有充满童真的人而写的……"书籍，没有严格意义上的分级阅读，我们分列的分级阅读也是基于大概的学生心理适应性。

判断书的年龄适应性是很难的，分级阅读的书目给一线教师很好的帮助，但这些分级真的适应所谓的学段的学生阅读吗？凡事都不是绝对的，古代四大名著，小学读、初中读、高中读、大学读，步入社会之后还会读，你说它适应哪个年龄段呢？其实是每个年龄段都适合，只是他们的理解不同罢了。即便同一个人同一时期在不同的生活情境和心境下去阅读同一本书，其感触和思考的角度也会不同。人教版小学语文五年级上册《走遍天下书为侣》："一本书是你想去就去的故地，就像家一样。"这个角度是新颖的。我们要做的就是让学生在阅读中与语文打交道，让学生浸泡在文字中，受到感染和熏陶。感悟是一种体验，体验何来对错之分？我的两届学生读四大名著基本是同一年龄段，都是五年级，但他们的感悟完全不同，甚至超乎他们年龄的认知。即便选文不同，他们的见解也同样不敢让人小觑。一旦激发了学生阅读的兴趣，带领他们走上阅读之路，他们对阅读的渴望就会远比设想的要强烈，这是我们的意图。

绘本阅读，我们依然坚持不必过多讲解，不必将自己的个人经历和解读强加于未成年的学生身上，不同的身份、不同的视角看到的一定是不一样的，感受也必然不同，他们以后的成长经历将是独特的。《田鼠阿佛》作者李奥尼说："对于四五岁的孩子，要让他们明白隐藏在故事背后的道理是不可能的，但这点并不重要。因为孩子们可能会觉得这个故事好玩，会觉得这只田鼠好像和我一样啊。"就像《活了100万次的猫》中所写，学生读的时候，觉得这是一只多么可怜、多么好玩，后来又是多么威武的猫；成年人眼中看到的则或许是唯美的爱情，或许是浓得化不开的亲情；而央视播音员朗诵的绘本《活了100万次的猫》则是献给努力生活着、勇敢地面对生活中的泪水的人……

课堂上绘本阅读的开展，我们主要按照"七步读懂图画书"的步骤，将要分享的绘本内容扫描制成幻灯片。内容的学习以教师讲述、学生猜测、最后大家讨论为主。因此，小学生读绘本，用他们的眼睛欣赏和享受美丽的图画，用他们的阅历和理解感触文字就够了。我们要做的就是把学生带进阅读的海洋。如果阅读是精神的海洋，绘本就是最终流进阅读这片汪洋大海前的溪流、湖泊。

阅读是学生自主建构意义的过程，阅读不是教师教的，而是学生自己读的、自己建构。阅读由课内到课外到家庭，强调的是学生主动阅读，因此大人要做的是最简单却又是最难做到的：学会倾听。教师要给学生表达和展现的平台，以"回家讲给家长听""我还能读""我能画故事""我是故事小能手""我是故事大王"等多种形式，让学生由课内到课外读更多。低年级阶段的阅读内容丰富，形式简洁，教师也好，家长也好，不必对学生在读的内容做讲解，让学生自己体会和交流就可以了。我们需要做的就是默默守候，关注重点，少走形式。

因此，低年级阶段的阅读重视朗读形式，重在培养学生的兴趣、乐趣、参与度，教学活动形式以简单、形象、有趣为主。

第三节　中年级阶段课内外阅读
相结合模式的开展

中年级阶段以"兴趣、支架、交流"为主要形式开展课内外阅读。

兴趣是最好的老师，不管学生的成长在哪个阶段，始终保持对阅读的兴趣是语文学习持久的动力。低年级阶段的大量阅读以及形成的良好的阅读习惯为学生的语文学习奠定了基础。在保护兴趣的基础上，中年段阅读更需要一定的阅读方法和阅读策略，适当提供课外阅读支架以保证阅读效果。

一、由课文到课外阅读

三年级上册第三单元"乘着想象的翅膀，游历奇妙的童话王国"，学生不仅要感受童话丰富的想象，还要试着自己编童话、写童话。第四单元尝试续编故事的阅读策略是"一边读一边预测，顺着故事情节去猜想"。这两个单元都有编故事的训练。读故事是教故事的写法，编故事是照着写法编，如何读故事就是最大的重点。因此，在教学中以培养学生学科核心素养为出发点，进行单元教学重整，将第四单元"猜测与推想"单元的故事放在第三单元教学前进行，使学生体会到边读边预测带来的阅读快乐，掌握边读边预测的阅读策略。阅读中的预测既是对个体阅读感悟的尊重，也是对故事情节可能发展的预判。在这个过程中，学生会从人物个性、故事情节、语言暗示等处细致感受行文中的"草蛇灰线"，在激发阅读兴趣的同时，为如何编写故事提供指引。续编故事在某种程度上难过编故事，续编故事要兼顾前文中故事人物的性格有"依据"地续写结局可能会怎样。而编故事可以自己确定主人公的个性。第三单元编童话还要兼顾童话的特点。童话故事里的真善美及美好的故事结局，能够满足人们美好的愿望，也使人向往童话世界。而本单元中《卖火柴的小女孩》（原来人教版六年级，现在统编版三年级）却使人在微笑中闪着泪光，读者不仅为小女孩悲惨的命运惋惜，也对童话故事的表达有了更宽阔的认识。这也是经典文学作品丰富的思想内涵和高超的艺术表现力带来的广阔的阅读空间，"因此也给教学目标带来了多重可能性，教师需要的就是根据教材定位和学生的认知能力做出选择"。三年级本单元的重点是让教师尊重学生的个性表达，感受童话丰富的想象，交流自己印象深刻的内容即可。教学要由课文《卖火柴的小女孩》到《拇指姑娘》再到《安徒生童话》，形成一体化的阅读教学体系。

统编版小学语文四年级下册第六单元第19课《小英雄雨来（节选）》是一篇小说，本单元学习重点是让学生把握文章的主要内容，但对学生来说，雨来的命运预测才真正牵挂着学生的心。而《小英雄雨来》整本书阅读推荐却在统编版六年级上册第四单元"快乐读书吧"中。小英雄雨来、小兵张嘎、王二小这些小英雄与敌人斗智斗勇、聪明机灵的形象，也受到中年段学生的喜爱，因此以学定教，将相关同题材的小说也推荐给学生阅读。

二、开展专项课外阅读课

1. 课外阅读推介

四年级下册第六单元第21课是《芦花鞋》，在学习课文之前，我们先对作者的作品进行交流，以此激活学生的阅读记忆。趁热打铁，我们共同阅读了小说《皮卡，皮卡》中《尖叫》一文。在这一课中，学生通过预测和联系自己在生活中的情绪控制，理解了"长大和情绪"之间的关联。

《皮卡，皮卡》课外阅读推介

哲学家萨特说："阅读时你在预测，也在等待。你预测句子的末尾，预测下一个句子，预测下一页书。你等待他们来证明你的预测是否正确。选择少部分文字阅读+已有知识经验—预期后续内容—检验语气（证实或否定）—再阅读部分文字—再预期后续内容—再检验预期（证实或否定）。"根据读者的经验，预测后续内容，要注重发挥读者的主观能动性。

一、认识"皮卡"（配图）

1. 今天老师给大家带来一本非常有趣的课外书，书的主人公是一个小男孩，他的名字叫"皮卡"，（出示图片）这就是皮卡，我们轻轻呼唤他一下："皮卡。"

2. 我们的名字总是有一些含义，同学们猜一猜，"皮卡"的名字有什么特殊的意义？

同学们很幽默，一起来看看"皮卡"名字的由来。（幻灯片1）

"皮卡从一出生就充满了悬念，'卡'在那里怎么也不肯出来。医生就像拔萝卜一样，扑通一声将他拔了出来。皮卡愤怒着来到这个世界。但是愤怒很快就变成了好奇，他用自己独特的方式感受着周围的一切。"

二、走近"皮卡"

1. 独特的方式就是和别人不一样的方式。孩子与孩子的成长方式有相同，也有不同。相同的应该都是无忧无虑、调皮捣蛋，不同就各有各的不同啦。皮卡的成长充满了神奇的力量，因为他喜欢尖叫，最重要的是他能尖叫。（幻灯片2出示"尖叫"）

2. 大家都忍不住纷纷尖叫了，觉得尖叫是很简单的事情，是吗？你们充其量算作大叫，不是尖叫，一起来欣赏一下皮卡独特的"尖叫"。（幻灯片3）

"皮卡尖叫一声，一树的鸟会飞得干干净净，甚至还会震荡下无数的落叶。"

"皮卡尖叫一声，一塘浮到水面上呼吸早晨空气的鱼，会一忽闪全都沉入塘底，只见水面上有无数小漩涡。"

"皮卡尖叫一声，正在觅食的鸡会'咕咕咕'地拍着翅膀，不是飞进草丛，就是飞到草垛、墙头，甚至是屋脊上。"

3. 你觉得皮卡的尖叫是什么样的？（学生自由发言）

4. 和你们一样，也有小伙伴想和皮卡一较高低，结果怎样呢？请看大屏幕。（幻灯片4）

"二姑班上有个男孩很不服气，一早上起来就站在门外冲着天空尖叫，练了好几天，也没有能够叫到皮卡的高度。这个孩子不服输，决心再练下去。有一回，他忘了自己正在上课，突然尖叫了一声，吓得班上几个女孩都尖叫起来——那尖叫声倒比他的尖叫声锐利得多，弄得他很不好意思——不光不好意思，还被二姑罚出了教室，让他在太阳底下站了整整一堂课。就在他被罚站时，皮卡在不远处的草地上玩耍，他冲着皮卡又尖叫了一声。皮卡转过身来，冲着他，做了一个鬼脸儿，然后嗓子一捏，一个尖叫划破长空。那孩子服了：我再也不和你比了。"

三、了解"皮卡"

1. 从此，皮卡经常尖叫。请大家猜一猜，对于小男孩皮卡来说，他会在什么时候尖叫呢？学生发言（生气的时候、高兴的时候、和别人打架的时候……）

说一说你生气的时候用什么方式表达，高兴的时候呢？而皮卡的表达却是尖叫。

2. 师生共读：（幻灯片5）皮卡尖叫有各种各样的理由："高兴了，尖叫；愤怒了，尖叫；兴奋了，尖叫；害怕了，尖叫；伤心了，尖叫；别人不注意他了，尖叫……有时，也不需要什么理由，他想尖叫了，就尖叫。"

3. 同学们想阅读皮卡什么时候的尖叫？（学生表达想法）

4. 文章片段赏析。（打开信封里的文章）

周五爷和他的鸭（节选）

周五爷的鸭，常常从皮卡家屋后的大河经过。

皮卡望着一河的鸭，望着周五爷和他的鸭溜子，心里头有一个念头在蠢蠢欲动，嗓子痒痒的。

他跑出了家门，站到了大河边上。

周五爷没有撑他的鸭溜子，而是坐在上面，让鸭溜子自己往前漂动。

鸭们也不着急往前游，向两岸横游过去寻找着食物。

周五爷看到了皮卡。他似乎很喜欢皮卡，冲皮卡笑了笑。

周五爷是一个喜欢孩子但又特别喜欢捉弄孩子的人。

乡下的男孩几乎都被周五爷捉弄过。

当皮卡心里有一个念头在蠢蠢欲动时，周五爷心里头也有一个念头在蠢蠢欲动。

他问皮卡："鸭蛋好吃吗？"

皮卡点点头。

周五爷的鸭溜子路过奶奶家码头时，只要看到奶奶在码头上洗菜或洗衣服什么的，就会把鸭溜子靠过来，从舱里捧了几只鸭蛋，不由分说地放在奶奶家的码头上："给孙子吃。"

皮卡吃了周五爷不少的鸭蛋。

周五爷喜欢皮卡，很喜欢，越喜欢就越想捉弄皮卡：哭了才好玩呢！

爸爸小时候，周五爷就曾无数次地捉弄过他。现在，他只想捉弄一下皮卡。他把鸭溜子向岸口靠过来。在离岸边不远时，他指着码头边的水草说：

"那水草丛里有条大鱼哎！"

皮卡一听，立即跑到水边。

就在这时，周五爷挥起长长的竹篙，装着要用竹篙打击那条根本不存在的大鱼，猛劲把竹篙的一头，砸进水里，溅起一大团水花，溅了皮卡一头一身，立即让皮卡变成一个落汤鸡。

皮卡睁不开眼睛，不住地用双手去抹脸上流淌的水。

周五爷"哈哈哈"大笑，笑得前仰后合，鸭溜子跟着晃动，差一点没翻了。

皮卡知道上当了。

皮卡不生气。皮卡讨人喜欢，就是因为别人不管怎么捉弄他，他都不生气，更不会像其他小孩会骂人。上了年纪的人们回忆往事，说皮卡的爸爸小时候就是这样，无论谁捉弄他，从不生气，从来不骂人。

"皮卡像他老子！"

皮卡冲周五爷笑笑，赶紧水淋淋地退回到岸上。等到了周五爷再也不能威胁他时，他张大嘴巴，捏起嗓门，冲着一河正在觅食的鸭子，长长地、长长地尖叫一声。

顿时河面大乱。

受惊的鸭子，呱呱呱地叫作一团，纷纷扇动翅膀，不要命地四下逃窜。那样子，仿佛突然有一群黄鼠狼席卷了过来。

有几只鸭子，居然吓得飞到了空中。

周五爷猛地一踩船底："我的小祖宗啊！"

此时，正是鸭子下蛋的季节，一受到惊吓，它们就再也不能坚持着把蛋带回家中，在夜深人静之时下到鸭栏里了，用不了一会儿，就会扑通扑通地下到河里。

（略有改动和删减）

5. 这一段写了两个场景：一个是周五爷如何捉弄小皮卡的，一个是小皮卡如何用尖叫搅乱鸭群的，你们最喜欢哪个场景？读一读，说一说为什么喜欢？（学生自由发言，体现语言的幽默）

6. 因为鸭子把蛋都生到了河里，你猜猜第二天会有什么事情发生？学生自有猜测：满河都是光着屁股在水里摸蛋的孩子们，也有在芦苇丛里捡着蛋的。

皮卡的尖叫引出了无数可爱又有趣的故事。

四、"皮卡"挨揍

1. 就像我们生气时无理由地哭闹，总会惹来大人的警告和威胁，爸爸妈妈小时候有没有吓唬过你们：再哭，叫大灰狼把你叼走或者叫警察叔叔把你抓走？皮卡因为他的尖叫，也受到过同样的警告。

2.（幻灯片6）皮卡的尖叫经常吓人一跳。

爷爷奶奶和姑姑已经无数次地警告过他："别叫了，再叫就揍死你！"见没有效果，就改为求他了："好宝宝，耳膜都快给你震破了，就别叫了。"

3. 爷爷奶奶和姑姑真的会揍皮卡吗？你小的时候惹祸了，会不会挨揍？是啊，皮卡也会挨揍，皮卡是这样被"揍"的。（幻灯片7）

片段一：

当周五爷的鸭子被吓得丢了蛋时，奶奶是这样揍皮卡的。

奶奶扬起巴掌要打皮卡。

皮卡缩起脖子。

奶奶的巴掌落下了，像一片树叶落在了皮卡的屁股上。

三姑见到了，挖苦奶奶："奶奶给孙子掸灰尘哪？"

片段二：

被皮卡的尖叫吵得无法午睡，爷爷是这样揍皮卡的。

皮卡一路跑向奶奶，并在爷爷出现之前，藏到了奶奶的身后。

爷爷出现了，他手里居然抓了一根棍子！他很夸张地生气着，冲着奶奶吼道："他人呢？"

皮卡紧张地贴着奶奶的后背。

奶奶说："没看见！"说完，低下头去，忍住不让自己笑出声来。

皮卡听到了奶奶被压制住的笑声，一边紧张着，一边也小声地咯咯咯地乐着。

爷爷抓着棍子，四周张望了一阵，说了一句："太讨厌了！今晚就给他爸打电话，让他立即回来把这小子带回北京！"

…… ……

4. 看完皮卡"挨揍"，你想说什么呢？（学生自由发言）

从皮卡发现自己的尖叫能使云飘雨落，能让鸽子消失得无影无踪，能使周爷爷的鸭子乱下蛋，能让全镇的小学校长都认识他……皮卡就这样表达着自己的心情，在尖叫声中一天天长大，在长辈的爱和呵护中长大，什么时候皮卡不再尖叫了呢？

5. 你还记得自己什么时候不乱发脾气了吗？你还记得自己什么时候突然学会了克制情绪吗？

6. 是啊，当我们不再乱发脾气，能控制自己的情绪时，我们就长大了。当皮卡长大、懂事的时候，他就停止了尖叫，事情就发生在周五爷鸭子下蛋后不久，发生在皮卡姑姑的幼儿园里。到底发生了什么事情呢？课后大家可以继续阅读寻找答案。

五、走近作者

1.有趣、生动的故事在作者的笔下缓缓流淌，"油麻地"这个熟悉的名字唤醒了我们曾经阅读的记忆，《草房子》《青铜葵花》《山羊不吃天堂草》中那些优美的文字，善良、纯洁的心灵是我们阅读成长中挥之不去的印记。

2.作者主要文学作品集有《红葫芦》《甜橙树》等。长篇小说有《山羊不吃天堂草》《草房子》《红瓦》《根鸟》《细米》《青铜葵花》《天瓢》《大王书》等。《草房子》《红瓦》《根鸟》《细米》《青铜葵花》《天瓢》以及一些短篇小说分别被翻译为英、法、德、日、韩等文字，获奖40余项，2016年获国际安徒生奖。

三、阅读之架助力阅读效率

对于中年段学生的课外阅读，我们把与课文关联的整本书阅读、"快乐读书吧"中的阅读，都设置为必读书目，并提供阅读支架，以在一定时间内提高学生阅读的效率。

三年级上学期第三单元"乘着想象的翅膀，游历奇妙的童话王国"中的"快乐读书吧"——在那奇妙的王国里，学生要阅读三本童话：《安徒生童话》《稻草人》《格林童话》。在阅读中，我们设置了"悦读吧"读书卡——以《安徒生童话》为例，给学生的阅读提供动力和支架。

《安徒生童话》"悦读吧"

年级_____ 姓名_____

预读

生活本身就是最美的童话，让我们乘着想象的翅膀，来一番奇妙的游历吧！			
精彩童话我先知：	我读过的《安徒生童话》有《 》《 》	我最近准备读的是《 》《 》	读过的童话中我最想和同学分享的是《 》《 》	
小组评价	1个故事1颗星，我得了（ ）颗星	1个故事1颗星，我得了（ ）颗星	1个故事1颗星，我得了（ ）颗星	

共读

精彩童话我来讲	我准备分享的故事是《 》	我的阅读金钥匙是（ ）	我想听（ ）讲童话故事	
小组评价	1个故事1颗星，我得了（ ）颗星	有阅读方法得1颗星	1个故事1颗星，我得了（ ）颗星	
备注： 阅读金钥匙：①猜测与推想；②关键信息串联法；③想象画面读书法；④思维导图法；⑤人物角色体验法				

延读

精彩童话我来读	我最喜欢分享的故事《 》	我喜欢的理由是（ ）	下一次我准备分享的故事是《 》
小组评价	获得他人喜爱得1颗星	敢于发言表达得1颗星	1个故事1颗星
精彩童话我展示	①我给故事编结局；②我的故事思维导图；③我给童话人物画画像；④我做童话小演员		
评价	自我评价（ ）	小组评价（ ）	教师评价（ ）
精彩童话我收获"小童话大哲理"	《丑小鸭》让我们懂得： 《坚定的锡兵》告诉我： 《野天鹅》教会我们： 《卖火柴的小女孩》让我感受到：		

图4-1 《安徒生童话》"悦读吧"读书卡

第四节　高年级阶段课内外阅读相结合模式的开展

高年级阶段以"兴趣、思维、评价"为主要形式开展课内外阅读。

一、由课文到整本书阅读

中高年级阶段课本中的"快乐读书吧"涵盖内容丰富，涉猎领域广泛，包括中外名著、中外民间故事、中外神话故事、中外寓言故事、中外童话故事、中外科技故事等，要把"快乐读书吧"内容融入单元教学设计与单元内容，并对其进行整合开展课外阅读。五年级下学期"读古典名著，品百味人生"单元中"观三国烽烟，识梁山好汉，叹取经艰难，惜红楼梦断"课文内容均选自古代四大名著《三国演义》《水浒传》《西游记》《红楼梦》。在单元学习前，我们经过问卷调查可知：《三国演义》的阅读人数超过其他三本。大部分学生最熟悉的是《西游记》，来自电视剧。阅读《红楼梦》的多为女生，男生几乎没有。大部分男生喜欢《三国演义》，也有的来自电视剧，只有小部分男生喜欢《水浒传》。学生对四大名著的认识，只停留在知道四大名著是什么，对人物形象的认识、经典的情节都比较模糊，没有自己的感受和评价，缺乏整体阅读，缺少阅读的动力和阅读策略的指导。因此，在课文教学中切准指向整本书阅读的兴趣点非常重要。在学习《草船借箭》时，我以简单的设计，引发学生自主思考，把学习主动权交给学生，提高课堂教学效率。在导入时，先定位书的价值：有人说《三国演义》是一部谋略之书，《草船借箭》这个故事是谋略中的谋略；也有人说《三国演义》是一部智慧之书，《草船借箭》就是智慧中的智慧。对于这样一个充满谋略、充满智慧的故事，大家一定会感兴趣。紧接着直入主题：请结合文中语句，评价你眼中的人物，以小组交流的形式自行表达评价；从谋略和智慧的角度，给故事当中的四个人物排名次。诸葛亮排第一，是学生讨论之后取得的共识。对课文和人物形象进行了整体梳理后，我带领学生圈画、品读，让学生进一步感受文学作品中对人物形象的刻画：描写诸葛亮，什么地方写得最精彩？找出来，仔细读，用心品。通过"算天、算地、算人"的品读，领悟诸葛亮的"神机妙算"，引发第一个通往整本书阅读的切入点：难怪鲁肃说"先生真神人也"，并向他请教天、地、人是怎么算出来的。这些你想知道吗？去问罗贯中，去读《三国演义》。

在准备借箭过程中，周瑜除掉诸葛亮不是一时兴起，我出示原文补充材料：

周瑜谢出，暗忖曰："孔明早已料着吴侯之心。其计画又高我一头。久必为江东之患，不如杀之。"

——第44回《孔明用智激周瑜　孙权决计破曹操》

却说周瑜闻诸葛瑾之言，转恨孔明，存心欲谋杀之。

——第45回《三江口曹操折兵　群英会蒋干中计》

鲁肃遂连夜回见周瑜，备述孔明之言。瑜摇首顿足曰："此人见识胜吾十倍，今不除之，后必为我国之祸！"

——第45回《三江口曹操折兵　群英会蒋干中计》

孔明嘱曰："望子敬在公瑾面前勿言亮先知此事。恐公瑾心怀妒忌，又要寻事害亮。"鲁肃应诺而去，回见周瑜，把上项事只得实说了。瑜大惊曰："此人决不可留！吾决意斩之！"肃劝曰："若杀孔明，却被曹操笑也。"瑜曰："吾自有公道斩之，教他死而无怨。"肃曰："何以公道斩之？"瑜曰："子敬休问，来日便见。"

——第46回《用奇谋孔明借箭　献密计黄盖受刑》

学生通过阅读原著中补充的相关材料后发表对周瑜人物的评价，知道周瑜是处心积虑要除掉诸葛亮。第46回提到的"吾自有公道斩之，教他死而无怨"中的"公道斩之"便是课文的第一部分：诸葛亮自愿立下军令状。由此可引出第二个通往整本书阅读的切入点：周瑜为什么要杀诸葛亮，这一"逻辑"在后来的小说情节发展中是否明智？引发学生辩证性思维，激发学生阅读，感受小说中丰满的人物形象和惊心动魄的故事情节。

在《草船借箭》中，周瑜留给学生的印象是"嫉妒心极强"，没有大都督的气度。在学生原有认知的基础上，我出示苏轼《念奴娇·赤壁怀古》，在这里让学生认识一个与初识完全不一样的周瑜：

大江东去，浪淘尽，千古风流人物。故垒西边，人道是，三国周郎赤壁。乱石穿空，惊涛拍岸，卷起千堆雪。江山如画，一时多少豪杰。

遥想公瑾当年，小乔初嫁了，雄姿英发。羽扇纶巾，谈笑间，樯橹灰飞烟灭。故国神游，多情应笑我，早生华发。人生如梦，一尊还酹江月。

我通过对词的品读，让学生的思维形成前后认知上的冲突，激发学生进一步了解"周瑜"这一人物形象的探究欲，这也是第三个通往整本书阅读的切入点。

一个个切入点带领学生从课内阅读自然走向课外整本书阅读，一个个切入点也是学生的兴趣点、探究点，让学生形成更持久的阅读习惯。让学生保有阅读的兴趣，需要教师在学生阅读时间、阅读过程、阅读策略、阅读兴趣、阅读效果上进行介入。兴趣永远是最好的老师，而思维能力则是社会需求和教育发展带来的学生核心素养重要的培养能力。《义务教育语文课程标准（2022年版）》中语文的四个核心素养是文化自信、语言运用、思维能力、审美创造。学生在交流表达中发展语言运用能力，这是由语文学科的特点决定的。而思维能力的培养则需要教师有意识的引导，如学生的质疑能力、个性感悟和评价，对文章内容、事件、人物的再创造等。

二、专项阅读"快乐读书吧"的开展

1. 以五年级"快乐读书吧"为例

对于《西游记》的阅读，我以节选《猴王出世》一文为抓手，以课本剧的形式开展，围绕孙悟空出世、孙悟空学艺、孙悟空取经、孙悟空成佛四个大故事开展四项活动，让学生按自己的兴趣选择阅读书籍或者看电视剧，以知识过关打擂台的形式进行交流展示。

《红楼梦》在人教版中节选的课文是《凤辣子初见林黛玉》，在统编版中节选的是《红楼春趣》放风筝的情节。《凤辣子初见林黛玉》中对王熙凤外貌的描写、语言的描写以及众人的侧面烘托，可引起学生对"这究竟是一个怎样的人"的探究欲望和阅读兴趣。《红楼春趣》中通过对主要人物贾宝玉动作和语言的描写，采用对比和关联的学习方法，引发学生对整本书的阅读。对学生来说，《红楼梦》阅读最大的困难就是难以坚持，因此我们采用人物关系思维导图的方式引领学生阅读。

对于《水浒传》的阅读，我直接让学生在"一百单八将"中阅读和分享自己喜欢的人物和相关故事，分享视频上传到班级视频号，再把"一百单八将"的肖像和简介制成书签，用互赠等形式促进整本书阅读。

《三国演义》最受学生喜爱，在开展人物评价时，我让学生以具体的事例或小说情节进行辩论。在进行"我也来评活动"之"我心中的诸葛亮"这一环节中，学生的表达思维和辩论角度让我感到意外。

学生：在积累背诵诸葛亮的《诫子书》中，我们看到诸葛亮对儿子的谆谆教导，让他做一个淡泊明志、宁静致远、不浪费光阴的人。我觉得他是一个有学识的父亲。但在《三国演义》一书中，我没有读到诸葛亮对儿子有多少陪伴和教诲，而且他辅佐刘备呕心沥血，日理万机，恐怕也没时间管自己的孩子，所以我认为他不一定是一个好父亲。

教师：自古忠孝两难全，顾得了国家，顾不上自己的小家，在这里你颠覆了我们心目中"神机妙算"的军师形象，角度很独特。

学生：老师，元代文学家张养浩在《山坡羊·潼关怀古》中说："兴，百姓苦，亡，百姓苦。"那个时代发生战乱最惨的就是老百姓了。您也曾说过，只有"统一"方能不受战乱之苦，比如，秦始皇统一六国，国与国之间不再打仗了。诸葛亮也爱民如子，他为什么不去辅佐曹操快点让天下统一？

学生：（反驳）曹操是一代枭雄。（教师：这里很好，没有重复大家前面说的奸雄，有自己的思考）他头脑灵活，自己就是一个军师，自己可以定主意怎么干，不用那么多人出谋划策。想必诸葛亮早就看透了曹操，即便跟了曹操，万一很多想法和曹操不一致，或者功高盖主，曹操会不会杀了他，就像杨修自作聪明一样。

教师：两位同学旁征博引，逻辑思维很清晰，能从"天下统一、天下太平"的历史高度去考虑问题，让老师甚为惊叹！

学生：我同意刚才同学的看法，徐庶也是有才的人，曹操控制徐庶家人逼迫他进曹营，从此徐庶一言不发，他的聪明才智也被埋没了。所以，诸葛亮不会跟随曹操。

学生：诸葛亮之所以选择刘备，是因为刘备很爱才、很重视他，从刘备三顾茅庐请诸葛亮出山就可以看出。最重要的是，刘备姓"刘"，是皇室正统，名正言顺。所以，诸葛亮的选择是正确的。

教师：你的发言更是有理有据！

学生：（反驳）凭着诸葛亮的高瞻远瞩，他在临死前就安排了后事，他难道看不出刘备的儿子刘禅是扶不起来的阿斗吗？在书里有一句话说，良禽择木而栖，他却要死保着蜀国。

学生：（反驳）那你是否也听过"忠臣不事二主"，再说有谁会背叛自己的国家。

教师：同学们，大家已经透过文字有了更深层次的见解，一个时代造就一批英雄，对于历史长河来说，人的生命是如此短暂，但每个人都在属于自己的时代里蓬勃迸发。古人将历史功过留给后人评说，同时留给我们的也是对生命意义的思考。在《三国演义》中，一个个鲜活的面孔尽管出场短暂，但他们的人生编织了那个时代属于他们的精彩。日后同学们将历经许多事，会读许多书，当再读这些名著时，你也许会有不一样的看法。但今天老师要为你们的思维辩证和独特的表达点赞。最后，我们一起来欣赏杨慎的《临江仙·滚滚长江东逝水》：

滚滚长江东逝水，浪花淘尽英雄。是非成败转头空。青山依旧在，几度夕阳红。

白发渔樵江渚上，惯看秋月春风。一壶浊酒喜相逢。古今多少事，都付笑谈中。

2. 以六年级"快乐读书吧"为例

2022年，新课程标准颁布后，我们基于素质教育、全面发展和核心素养培养，开展大概念视角下大单元学习活动。

以统编版六年级上册语文第四单元为例，我通过创设真实生活情境，发布大单元总任务，在活动中让学生通过小组合作、探究，在完成任务中掌握一个个概念，最后在学生头脑中建构大概念，提高学生在真实生活中运用知识的能力。

如何进行大单元教学设计？

1. 我们从教材分析开始

教材分析可以研读教学参考书"单元说明"，再结合教材内容。本单元是小说单元，通过研读，确定教学内容上要重点关注三点。第一，从人文要素入手，本单元人文要素是"小说大多是虚构的，却又有生活的影子"。这是从小说的来源去理解教材。小说源于现实生活，又高于现实生活，是对现实生活的一种想象、一种虚构。第二，从语文学习要素入手，本单元语文学习要素是"读小说，关注情节、环境，感受人物形象"。这是从小说的结构上对教材进行分析。情节、环境、人物形象是小说的三个要素，还要让学生理解环境和情节、情节和人物形象之间的关系。第三，这是本套教材第一次以单元的方式引导学生接触小说。通过前面的学习，学生已经初步打下通过语言、动作、心理理解人物形象的基础，此次专门编排小说单元，旨在引导学生感受情节推进和环境描写对塑造人物形象的作用。因此，环境描写和人物描写的方法也是本单元教学的重点。任何单元涉及的教材内容都不是单一的，因此要从整体上进行梳理，本单元就是三个方面，即小说的来源、小说三要素、环境描写和人物描写的方法。

2. 进行学情分析

一是横向分析和纵向对比了解学生已有的学习基础。在单元学习之前，学生对与本单元相关的学习要素、知识技能掌握了多少，都要进行横向对比和纵向衔接，做到心中有数。

例如，对"感受人物形象"相关语文要素、对"发挥想象，创编故事"要素进行梳理后可知中年段要求学生能发挥想象，创编童话、神话故事，而高年段要求学生能发挥想象，学会虚构故事。

二是分析学生的兴趣点。针对学生兴奋点进行单元教学设计，站在学生的角度，分析他们兴奋的地方在哪里。本单元涉及的总任务是让学生创编小说，学生兴奋的地方就是思考小说故事创编的精髓奥妙在哪，如何创编出典型而富有人格魅力的故事。学生对这个问题有思考的欲望和冲动，就契合了我们新课标所说的语文核心素养的育人价值。

3.单元大概念的确定

大概念是落实素养导向教学的抓手，在对教材分析和学情分析两个前端分析的基础上，确定大概念。概念的大小是相对的，是基于新课程标准、人文要素、语文要素、学情分析多种因素进行的归纳和提炼。本单元概念及大概念见下表。

表4-3　单元大概念

单元链	活动目标	概念
单元链活动一	1.体会小说的虚构性，感受小说中主人公鲜明的个性。 2.能整体把握小说的主要内容。 3.阅读材料，完成任务单，归纳出小说的三要素。 4.确定创编故事的主人公及其性格特征。	形成概念1：小说大多是虚构的，但又有生活的影子。小说中的主人公都有着鲜明的个性。情节、环境、人物是小说的三个要素。
单元链活动二	1.能找到环境描写的句子，知道环境描写能促进故事情节发展，情节发展能刻画人物性格。 2.能充分展示自己的理由，说服小组内成员支持你的创作想法。 3.感受小说一波三折，了解小说曲折故事情节的展现需要设置悬念、制造冲突等策略方法。	形成概念2：环境跟情节发展、情节跟塑造人物形象之间有密切关系。创编小说离不开想象。小说曲折故事情节的展现需要设置悬念、制造冲突等策略方法。
单元链活动三	1.能有感情地朗读阅读材料中环境描写的句子，体会其在小说中的作用。 2.紧扣文章中人物的语言、动作、心理描写等，感受人物形象；能尝试运用环境描写、人物描写等方法修改自己创编的小说。	形成概念3：环境描写、人物描写等方法塑造了小说鲜明的人物特点。
大概念：小说源于现实生活又高于现实生活，大多都是虚构的；情节、环境、人物形象是小说的三要素，环境跟情节发展、情节跟塑造人物形象之间有密切关系。环境描写、人物描写等方法塑造了小说鲜明的人物特点。		

4. 大概念确定教学内容的安排以及单元核心任务的设定

核心任务从核心素养中确定，核心素养是学生在真实情境中运用知识去解决复杂问题的能力。在这一过程中，学习的最终目的不是占有知识，而是利用知识去解决问题。学校教育要为培养学生未来解决现实世界中的问题的素养而创设真实的生活情境。基于东荟小剧场这一真实生活情境让学生创编小说故事，参加评选，并在东荟小剧场演出。核心任务下学生要做的事情：一是创编小说；二是思考如何塑造出典型的人物形象，选择哪些环境，借助哪些方法；三是对创编的小说按评价量表进行修改；四是形成成果故事小说集，并进行分角色表演小说。

围绕核心任务设计活动过程，始终明确学生核心任务并贯穿每个单元链活动。

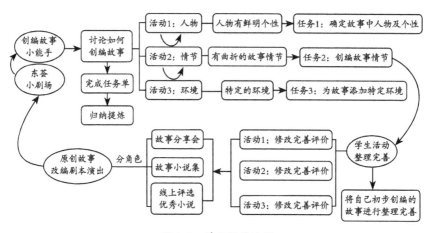

图4-2　单元设计流程

注：基于"东荟小剧场"真实生活情境发布的"创编故事小能手"总任务：学生讨论创编生活故事；学生在三个指向形成概念的单元链活动中合作探究完成学习任务单，达成单元教学目标，形成大概念；迁移运用大概念，在此过程中始终贯穿评价并不断调整，在总评中按评价量表修改完善；进行原创小说分享，生成小说集，线上评优，最后海报设计、小剧场演出，形成闭环设计。

在以上活动开展的基础上，进行六年级下册第二单元"漫步世界名著花园·快乐读书吧"时，我们以大任务为驱动，围绕主要问题开展多项活动，在活动中帮助学生完成整本书阅读任务。本单元任务是"我是金牌经纪人"，以《鲁滨孙漂流记》为例，学习任务是：我做《鲁滨孙漂流记》"金牌经纪人"，围绕"《鲁滨孙漂流记》这本书最吸引人的地方是什么？""哪种方式最能成功吸引学弟学妹去阅读这本书？"两个主要问题，组织学生开展活动。为了更好地参与活动，达成人人愿意读、人人都在读的整本书阅读任务群要求，任务发布后，学生围绕小组阅读计划、具体阅读安排、阅读评价、我的阅读单、我们的推广形式等方面展开合作探究。在此过程中，教师提供多种资源和达成任务的支架帮助学生。结合六年级上册小说单元的学习所得，我在引领学生深入阅读时，从小说的主要内容（情节）上把握，如采取整理人物框架图、借助故事梗概、筛选整合关键内容、用概括性的语言连贯表达等形式来把握整本书的主要内容。

从故事发展的线索或脉络方面，如抓住时间线索，借助目录，利用列小标题的方式，概括代表性的事件，梳理故事发展的思维导图等让学生感受小说情节的曲折、离奇和精彩。

（a）

（b）

图4-3　活动记录

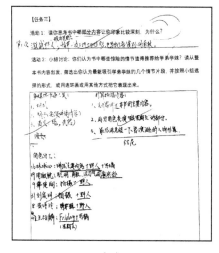

（c） （d）

图4-3 活动记录（续）

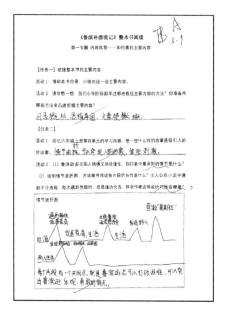

（a）

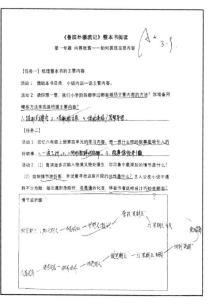

（b）

图4-4 沈晓泽、付玲娟老师指导学生开展活动的记录

（c）

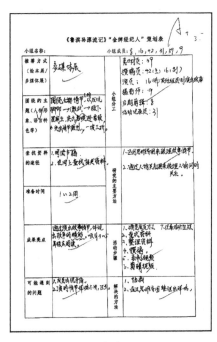
（d）

图4-4 沈晓泽、付玲娟老师指导学生开展活动的记录（续）

学生在自主合作探究活动中，一步步完善任务，如学生分组完成课本剧一幕幕撰写的时候，会主动意识到分工存在的问题、语言表达的不一致、思维的不一致等，因此更注重分工后的合作。

为了成为"金牌经纪人"，成功引起学弟学妹的兴趣，学生以小组为单位拟以如下方式进行：剧本重编排分角色演出、制作连环画、录制视频、发布朋友圈、将书中人物制成卡片等。所有活动的开展均以学弟学妹的视角进行评价，学生在不断反思和完善中完成深度阅读。

策划表赋分评价标准			
考察内容	A级（2分）	B级（1.5分）	C级（1分）
活动可操作性	完成时间合理、活动有可行性、能预设到问题，并提供解决问题的方法	完成时间合理，活动基本可以实行，对于预期的问题没有设计解决方法	完成时间设计不合理，活动的可操作性较差，未能充分预设问题和解决办法
分工明确性	每位组员都有明确分工	多数组员有明确分工	出现组员没有分工
主题突出性	能围绕主题收集资料、设计活动步骤	基本能围绕主题收集资料、设计活动步骤	材料与活动步骤没有围绕主题
成果独特性	成果呈现方式新颖、受众的接受程度高	成果呈现方式合理、受众的接受程度一般	成果呈现方式一般、受众的接受程度一般

评价内容	小组自评	其他组评价
计划可操作性		
分工明确性		
主题突出性		
成果独特性		
不足与反思		

图4-5　学生作业

第五章

古诗词专项课内外阅读
相结合模式教学初探

我国是诗的国度，三千多年前，先民一边劳动，一边歌唱，于是有了《诗经》流传千古，诗也就从这里开端，走进了中国人的心里。当我们抬头望月时，想到的是"小时不识月，呼作白玉盘"的可爱童年，还有"露从今夜白，月是故乡明"的思念，抑或是"海上生明月，天涯共此时"的美好祝愿。不论是哪种心境，月亮都不再是简简单单高悬在我们头顶的自然景象，而是融入了人类情感"但愿人长久，千里共婵娟"的意象。当看到柳树时，我们会想到"万条垂下绿丝绦"的婀娜，"拂堤杨柳醉春烟"的朦胧，"杨柳青青江水平"驿站折柳、君子相送的画面。在我们的古诗词中，这种意象早已成为我们血液里独特的东方气质，扎根在我们的心里，这就是我们所说的文化熏陶和文化魅力。旅美学者陈之藩先生说："在沁凉如水的夏夜中，有牛郎织女的故事，才显得诗意盎然；在晨曦的原野上，有笨拙的老牛，才显得淳朴可爱。"这种诗意的表达再次证实，民族的经典已经深植于中国人的精神世界里，流淌在中国人的血脉里。

《义务教育语文课程标准（2022年版）》在课程性质中指出，语文课程要继承和弘扬中华优秀传统文化、革命文化、社会主义先进文化。同时指出，义务教育语文课程培养的核心素养，是学生在积极的语文实践活动中积累、建构并在真实的语言运用情境中表现出来的，是文化自信和语言运用、思维能力、审美创造的综合体现。就这一表述来看，语文课程核心素养分为四个方面，即文化自信、语言运用、思维能力、审美创造。虽然核心素养的四个方面是一个整体，但文化自信排在核心素养第一位，再次体现了国家对中华优秀传统文化的重视。

在以学科为素养的时代，中华优秀传统文化如何推进和落实，统编版中古诗词如何发挥它在培养学生核心素养中独特的地位？我们开展了基于核心素养的小学语文大单元——统编版古诗词整体教学思考与实践。

第一节　基于专家指引下的大单元认识

　　刘徽博士在《大概念教学：素养导向的单元整体设计》一书中提到关于单元的认识：真正的大单元是以素养为目的的组合。因此，需要一个比"课"更大的单位作为承载学科素养以及核心素养的细胞，这就是单元。课程、单元、单课，只有教师在头脑中有一个从整体到部分到个体的整体框架，才能保证每一节课是在为素养而教。

　　今天的单元是一种"素养"单元而不是"内容"单元，因此大单元的"大"不是单纯地指聚集越来越多的内容，而是指以素养目标为线索组织单元，积累整合，从而形成更大、更具有意义的认知网络。

第二节　目前古诗词教学现状

一、每个课时都是孤立的"课时主义"

小学统编版共12册语文书，每册书中都有安排古诗词内容每位教师每个学期都在教授古诗词，每教一课古诗词，大部分教师都是重新带领学生学习古诗词，在古诗词（包括文言文）的学习上以前学过什么，学生知道了什么、掌握了什么，形成了关于古诗词学习的哪些素养，这些和现在要学习的内容有什么关联，在此基础上我们还要延展什么、发展什么、培养什么。大部分教师对古诗词教学没有进行整体把握，缺乏大概念下、大单元教学的意识，遇上哪一课、哪一首就教哪一课、哪一首，依然将课文、古诗词教学看成独立的篇章，一篇一篇独立地去教学。杜威讲过三种水平的教学。他认为，最不好的一种是把每堂课看作一个独立的整体。这种课堂教学不要求负起责任去寻找这堂课和同一科目或别的科目之间有什么接触点。

二、古诗词教学的意义和作用被应试化

统编版小学语文12册教材中一共安排了112首古诗词。每个学期在学习古诗词的时候，教师一定要求学生反复背诵，反复抄写，以应对期末考试的默写或补充诗句，这让学生失去了学习古诗词的热情，对古诗词独特的语言表达体会和意境带来的美感也随之消失。除了死记硬背以

应对课内知识和获取分数外，古诗词教学的迁移和在真实生活情境中的运用失去了价值。

怀特海在《教育的目的》一书中提到，教育只有一个主题，那就是五彩缤纷的生活。如果学生在学校中的所学不具备生活价值，无法迁移到现实世界中，那么这种教育就是低效甚至是无效的。刘徽指出，所谓生活价值，是指对学生的未来有价值和有意义，不仅包括柴米油盐，还包括理想爱好。

第三节　对统编版小学语文教材中古诗词的梳理和分析

一、对统编版小学语文教材中古诗词的梳理

从整理的情况来看，古诗词课文+日积月累+六年级下册古诗词诵读专项，1～6年级教材中的古诗词一共112首。对小学阶段古诗词有了整体把握后，教师在教学备课中才会从古诗词教学系统的角度注重前学、后学的关联性，才能在头脑中架构起一个从整体到部分再到个体的整体框架，才能保证每一节课是在为素养而教。

二、对统编版小学语文教材中古诗词的分析

课程的内容是教学的核心，如何使内容本身形成结构性联系，从而形成知识网络，是我们要梳理和分析的问题。以描写动物、与儿童相关的古诗词为例，见下表。

表5-1　描写动物

古诗内容	在教材中的分布特点与编排简析
一年级上册：《咏鹅》	写动物的古诗，分布在不同年级，在内容和思想上呈现阶梯性。《咏鹅》从鹅的叫声、外形、水中动作、颜色上进行描写，非常形象，符合小孩子的观察角度，体现属于孩子的童真。《画鸡》是明代诗人唐寅的一首题画诗，用一种儿歌的口吻把公鸡高傲威风的神态写得很有画面感。和《咏鹅》相
一年级下册：《画鸡》（头上红冠不用裁）	

续 表

古诗内容	在教材中的分布特点与编排简析
四年级下册：《蜂》（不论平地与山尖）	比，《画鸡》掺杂了作者的个人情绪：我不叫则已，开口啼鸣则必有回应，表达了诗人的思想和抱负。到了四年级下册《蜂》，五年级上册《蝉》，六年级下册《马诗》都已在古诗词语表达的背后融进了作者个人的评价和时代的风貌。
五年级上册：《蝉》（垂緌饮清露）	"采得百花成蜜后，为谁辛苦为谁甜？"写蜜蜂的勤劳，也讽喻不劳而获者。《蝉》则从蝉的居所、姿态、习性、鸣叫等描写，表达作者立身高洁的心志。《马诗》则是作者对建
六年级下册：《马诗》（大漠沙如雪）	功立业的追求和抱负。经过整理分析，我们对描写动物的古诗词就有了整体把握，在教学时，就会形成宏观概念。

表5-2　与儿童相关

古诗内容	在教材中的分布特点与编排简析
一年级上册：《古朗月行》（小时不识月节选）	与儿童相关的诗词比较多，和描写动物的古诗相比，与儿童相关的古诗无论是对诗词的整体认知还是其思想，都具有连贯性，内容涉及很宽泛。有想象奇特将月亮呼作白玉盘的，有划船的孩童，有垂钓的稚子，有放风筝的小学生，有放牛、指路的牧童，有追黄蝶的天真儿童，有溪头卧剥莲蓬的顽皮可爱小儿，有无忧无虑不知劳作辛苦而学种瓜的童孙等。这些诗词描写了儿童丰富多彩的生活，多角度展现了儿童童真的性情。这些诗句的编排与学生的学段心理特点也相吻合。
一年级下册：《池上》（小娃撑小艇）	
二年级上册：《小儿垂钓》（蓬头稚子学垂纶）	
二年级下册：《村居》（草长莺飞二月天）	
三年级上册：《所见》（牧童骑黄牛）	
三年级上册：《清明》（清明时节雨纷纷）	
四年级下册：《宿新市徐公店》（篱落疏疏一径深）	
四年级下册：《清平乐·村居》（茅檐低小）	
五年级下册：《四时田园杂兴·其三十一》（昼出耘田夜绩麻）、《稚子弄冰》（稚子金盆脱晓冰）	

　　古诗词的分类有很多种，对于内容的界定也不能绝对地判定某一首诗是属于哪一类，如《晓出净慈寺送林子方》的题目明确是送别诗，内容中"接天莲叶无穷碧，映日荷花别样红"写的却是西湖美景，反而没有太多送别伤感之意，也体现了古诗词情感的多样性和丰富性。在112

首古诗词中，有爱国情怀的古诗，如五年级上册的《示儿》《题临安邸》《己亥杂诗》，下册中的《从军行》《秋夜将晓出篱门迎凉有感》《闻官军收河南河北》；有与传统节日相关的，如《元日》《清明》《九月九日忆山东兄弟》《乞巧》《寒食》。在教学中，教师既要有对小学古诗词系统教学的把握，还要兼顾教材编写中古诗所在单元的教学目标和语文要素。

第四节　统编版古诗词整体教学思考与实践

"整体"是一种思维方式，意味着教师的教学活动必须从教学目标出发，统揽全局。古诗词的教学应该关注广度、深度和关联度。构建"人—知"互动，让知识与学生的生命相遇，使学习成为实践的发展性活动，学生深度参与，让思维发生。

以下内容以统编版小学语文五年级下册第四单元为例进行分析。

一、以"责任"概念的育人价值开展任务学习

五年级下册第9课共有三首古诗：《从军行》《秋夜将晓出篱门迎凉有感》《闻官军收河南河北》。这三首古诗所在的单元是第四单元，该单元以"家国情怀"为主题，安排了4篇课文以及习作、语文园地等教学内容。《古诗三首》表达的是诗人的爱国情怀，《青山处处埋忠骨》体现的是伟人胸怀，《军神》《清贫》突出的是革命前辈的钢铁意志和高尚的革命情操。本单元的语文要素是："通过课文中动作、语言、神态的描写，体会人物的内心。尝试运用动作、语言、神态描写，表现人物的内心。"体会人物心情的阅读训练在四年级上册已经学习过。本单元的人文要素是林则徐的"苟利国家生死以，岂因祸福避

趋之"。在小学1～5年级上册的学习中，学生对相关题材的古诗均有接触，如四年级上册第七单元共有《出塞》《凉州词》《夏日绝句》古诗三首，单元主题为"天下兴亡，匹夫有责"，五年级上册第四单元《示儿》《题临安邸》《己亥杂诗》单元主题为"为什么我的眼里常含泪水？因为我对这土地爱得深沉……"。从教材编排上不难看出，这些古诗在思想上具有连贯性和承接性，学生在情感方面的认知有一定的基础。

通过对单元导读和课文内容的梳理，从古诗词系统教学出发，我们发现本单元聚焦的是"责任"这一概念。基于学生核心素养的培养需求，我们对本单元学习目标表述如下。

学生将知道爱国情怀植根于每个中国人的内心深处。在他们身上有着忧国忧民、为他人着想的品质，他们把这些看成自己的责任。

学生将理解伟大的人格力量和家国情怀的责任感体现在人的言谈举止中，他们的言谈举止正是家国情怀责任感的具体体现，这将对他们的成长有重要影响。

学生将能够通过品读描写人物动作、语言、神态的文字，体会人物的心情，通过搜集和阅读相关资料评选出十大爱国诗人并用自己的方式表达对他们的敬重。主动寻找身边的英雄并向他们学习。

基于以上分析，本单元古诗词教学需要帮助学生在语文实践活动中形成的概念是：诗是作者内心情感的体现，爱国情怀的古诗表达了作者对国家的热爱和报效国家的责任感。这一概念指向的核心问题是：如何最大限度地挖掘古诗"责任"概念的育人价值，围绕"天下兴亡，匹夫有责"这一主题开展任务学习。通过"评选十大爱国诗人"跨学科实践活动，让学生认识自我，认识所处的时空，认识到我们个人的命运和国家的命运是紧密相连的，我们现在的安全和幸福是因为祖国的强大，我们如何在自己能力范围内，用自己的方式表达对他们的敬重，贡献自己的力量。围绕这一主题，我们先后开展了以下活动。

活动1：搜集已经学过的古诗词，并确定哪些是"表达爱国情怀的"，小组合作完成。

活动2：进行前置学习，设置本单元前置任务学习单及评价要素。前置学习是对学生自主学习能力的锻炼和培养。通过前置学习了解学生围绕本次主题已经学会了哪些知识，掌握了哪些技能，目前实际学情如何。

活动3：品读文字，想画面悟情感。读准字音，划分节奏，借助古诗学习方法理解意思，想象画面，体会情感。情感的体悟包含文字的情感、诗词要表达的情感、作者的情感以及读者的情感。

活动4："苟利国家生死以，岂因福祸避趋之。"这些饱含爱国情怀、以心怀天下为己任的古诗词，我们积累了这么多，还有哪些是你感兴趣的？下一册语文书中又有哪些同主题的古诗词呢？请小组合作完成。

活动5："评选十大爱国诗人"跨学科实践活动——画我心中的"爱国诗人"、书我心中的"爱国诗人"诗词、发表我心中的"爱国诗人"演讲、搜集整理"爱国诗人"的其他诗词等。

二、跨越学校和生活之间的鸿沟，让知识活起来

有一种只在某个学科、某个单元才显示出学会了的知识，这种知识不能被迁移和运用，怀特海将其称为"惰性知识"。"惰性知识"难以在不同单元之间、不同学科之间迁移，更难以在学校教育和现实世界之间迁移，当学生离开校园时，他们就把"学过的知识还给了老师"。因此，让学生把书本知识用起来才是真正学会。杜威和布鲁纳在教学目标的问题上都着眼于学生未来真实生活的意义。

（1）以《秋夜将晓出篱门迎凉有感》为例，学生评选陆游为"十

大爱国诗人"之首：我们学过陆游的《示儿》"死去元知万事空，但悲不见九州同"，也学过《卜算子·咏梅》"零落成泥碾作尘，只有香如故"。陆游全家都是爱国英雄，他一生都在抗金的路上。秋日黎明，天气转凉，他以"三万里河东入海，五千仞岳上摩天"，感叹大自然如此气势雄伟，各有归宿，而"遗民泪尽胡尘里，南望王师又一年"。在年复一年的期盼、失望、再期盼中，陆游的生命走到了尽头，留下了"王师北定中原日，家祭无忘告乃翁"的遗言。《十一月四日风雨大作》中"僵卧孤村不自哀，尚思为国戍轮台。夜阑卧听风吹雨，铁马冰河入梦来"。风声雨声都成为陆游一生为百姓的呼声。陆游还亲自上战场杀敌，但最后依旧是"叹流年，又成虚度"。他一心想凭一己之力报天子，"丈夫五十功未立，提刀独立顾八荒……千年史册耻无名，一片丹心报天子"，但最后"此生谁料，心在天山，身老沧州"。他一生心系家园，令人敬佩。这些实践活动的开展，促进了学生由一首诗、一组诗到一位诗人、一段历史的深度教学。

（2）古诗词积累在生活交往及写作中的运用，学以致用会激发学生的内驱力，大量的积累带来的便利让学生"如鱼得水"。在与读书相关的写作中，学生能运用"读书破万卷，下笔如有神"；"退笔成山未足珍，读书万卷始通神"；"旧书不厌百回读，熟读深思子自知"表达自己的感悟。在对自然景物的描写中，学生写雨会用到"微雨池塘见，好风襟袖知"，写荷花用到"竹色溪下绿，荷花镜里香"；"接天莲叶无穷碧，映日荷花别样红"；写窗外景色有近观的"桃花一簇开无主，可爱深红爱浅红"，有远眺的"晴空一鹤排云上，便引诗情到碧霄"；写秋日之美的"停车坐爱枫林晚，霜叶红于二月花"；等等。

以下是教师的作品。

茉莉花开，淡雅沁人

杨雪柏

加入怡园小学大家庭，转眼已近九载。

初来时发生的每一件事情犹如在昨日，时时提醒与鞭策着我前行。

记忆如潮水，办公室门前即将开放的茉莉似乎愿与我一起回首。

2009年初，通过初审教学设计，我接到学校通知，要参加广州市黄埔区青年教师阅读教学大赛。作为学校唯一的代表，作为学校新的成员，我感到压力很大。凭借以往的经验，我知道这是很麻烦、很煎熬的事情。例如，你要试教，试教要用到其他班的班级和学生，那么这个班级这节课的任教教师就要把课调到另外一天或另外一节课。试教不一定是一两次，有时候会达到四五次或者更多。当你在试教的时候，你自己的班级、自己的课程又需要有人去帮你负责看着或者和你调课，等等。

在教研员的建议下，课题选定了四年级的《生命生命》，教学大赛便紧锣密鼓地开始了。

初稿设计出来后，我马上接到了科组同事的建议，这些都是真诚的指引，如此处这样处理会不会出现怎样的现象等，具体而清晰。第二天，科组长吴桂清老师与我交流，了解初稿的准备情况。我告诉她，可以试教了，只是担心跨年级教学会影响其他年级调课等问题。吴老师温和而坚定地说：这些不用操心，你只需要确定第几节课试教就好。

我去试教的时候，看到学生手里拿着预习资料，书上也进行了预习，课室两边的过道上整齐地摆放着红色的塑料椅子，铃声未响，听课的老师已经就座。紧张的试教结束，我只记得手心里的汗和学生对我的道谢：老师辛苦了！之所以记得，是因为我觉得那课讲得乱七八糟，学生还要道谢。

下课后，是评课。每个听课的老师都提出了很多建议，从整体设计，到局部环节，从教师提出问题的角度，从学生回答的效果，从课件颜色、字体到音乐，从每个环节用去了多少时间，甚至我的手势，等等。当时的我一直在冒汗，评课意味着我前面的设计归为零，更重要的是，大家指出的问题都是存在且必须克服或者改进的。

评课之后，我收到两三份有红色建议和改动的设计，密密麻麻的字，工工整整。我到现在都不知道那些设计是哪些前辈同行给我的，给我留下的只是敬佩与感动。

这后面，同一节课，我执教了四次或者五次。每次都是这样的重复，安排试教，上课、评课，听课的老师和我一样，也在为跟进我的课不停调课，陪着我一起评课到很晚。

每一次试教，吴桂清老师都要提早帮我安排预习，帮我和该年级级长沟通协调，不是语文课的要调成语文课，要提早组织学生搬好塑料椅子，打开电教平台，等等。这些在外行人看来不值一提的小事，只有我们教育一线的实践者才能体会得到。为了做这些事情，连改作业的时间都用掉了，甚至占去了下课喝水和上洗手间的时间。那些跟着我听课、评课的老师也一样，没有时间批改的作业要带回家里，跑着去上厕所，回到办公室气喘吁吁地喝一口水，就要急着去上自己的课。看着我已经试教了三四次的课被教研员一一建议重改，他们送来一次又一次的安慰和鼓励，甚至他们表现得比我还要急。

在我去其他班一次次试教的时候，我的副班主任张秀兰老师、搭档朱俊老师帮我管理班级纪律，处理班务，能不让我处理的都没有告诉我。

在备课过程中，课件的制作、板书的设计我都不记得有多少人伸出过援手，无论什么时候，只要我在备课中出现问题，随时可以电话咨询我这些可亲的同事。

当时，有很多人反对一课多磨，甚至有专家直言，这是一种不真实的课堂。可我用亲身实践证明这句话是不对的，因为不论你的设计怎样"天衣无缝"，你又如何熟稔于心，只要你面对的学生是不同的，你的设计就一定会变。至于怎么变，谁也不知道，因为你不知道学生怎样问，他们学习的能力、学习的经验和你的预期相差多少？尤其是异地教学（不是自己班的学生），如何以学定教，都是挑战。所以，在一次次的磨课中，总会出现新的问题，有很多问题是你没办法预测到的，需要你临场处置与发挥，在这一次次的磨课中，我也在成长。

我们每次评课，都会到旧楼（今怡心楼）的二楼接待室进行。二楼长长的廊外悬空池子里我种着许多茉莉，每到四五月天暖时节，绿色枝头便会开出许多如手指大小的茉莉花，淡淡的白色，随风飘来的阵阵花香也是淡淡的，淡得若有若无，总是撩人凑着鼻子近前嗅它的香气。每次上完课，我都会在这里等评课的老师一起进接待室，总是有那么一个静静的时刻，让我与洁白的茉莉花共处，让我独享茉莉花的清香，更让我把一种心绪埋在记忆深处。

比赛在另外一所学校进行。上场前，我看到崔景华校长带着学校的行政人员、语文科组老师齐齐地坐在会场，向我竖起大拇指。

从接到任务的那一刻开始，我便知道这是很麻烦的过程，但走到比赛最后并没有感到煎熬，因为一路走来有许多人在背后默默地支持我，有很多人一直陪着我走，他们的建议、批评、鼓励都是一个教师在专业成长上最快的途径。在这以后，我还接到过许多任务，不过我再也不怕麻烦，因为我知道，在一个温暖互助的集体中，任何困难都有解决之道。

由学校到区里再到市里，我一路成长。当我手捧奖状时，我知道，领奖的是我一个人，但这张奖状是学校、科组集体力量的结晶。两年后，当我从吴老师的手中接过语文科组长的棒子时，学校正以飞快的速度发展，从36个教学班扩大到53个教学班，再到后来的92个教学班，语文教师人数成倍增加。

　　每当有年轻教师要上公开课的时候，我都会想到那浓绿的茉莉和散着淡雅香气的茉莉花，它提醒着我要像当年其他教师帮我一样帮助他们，让承担任务的教师感受到怡园集体的力量，让这种如茉莉淡雅花香的风气飘散到校园的每个角落，沁入每一位怡园师心。

浪漫蓬莱

杨雪柏

　　初次到蓬莱，和以往的旅游一样，慕名旅游蓬莱阁、八仙渡口、戚继光故居等景点；和以往的旅游一样，听着导游的解说，盲目地随着人群，拍着照片，最后留在印象中的只剩渤海的碧蓝和天空的澄清。

　　这个暑假再次来到这里。独行，让我感受到了蓬莱这个宁静而又古老的小城市独特的魅力。与四五年前相比不同的是，渤海边金黄海岸线的每一寸土地都留下了游客的足迹，海边及浅海到处都是堆沙堡的孩子和戏水的人，即便是炎炎烈日也无法阻挡人们对大海的热爱。当地人告诉我，白天在海边戏水的几乎都是外来旅游的人，而当地人都是在太阳落山后才来海边。果真这样，五六点钟我站在通往海边的路上，看着一辆辆旅游大巴从海边开往市区，看到当地人悠闲地带着孩子骑着自行车或者电动单车朝海边驶来，无论是大人还是孩子都已经穿好了泳衣，胳膊或者脖子上套着游泳圈。在这里，不用太在意自己的穿着，穿着泳衣在大街上横穿马路，蓬莱的当地人恐怕早就司空见惯了，百分之七十的人脚上穿的是各色的沙滩鞋。来到海边，你会惊讶地发现晚上海边的人不会比白天少，唯一的不同：白天海边的人总是行色匆匆，摆着各种姿势不停地拍照，从他们的动作和神态中总是让人感到些许的浮躁；傍晚则不同，同样是海边戏水，当地人更加闲适，很多时候都是孩子下水，夫妻或者老人铺着沙滩垫坐在上面聊着天。左边辉煌灯火勾勒出蓬莱阁神龙雄姿，更是与天空隐现的星星相互映照着，一个灯火通明道不尽繁华盛世，一个蔚蓝幽静读不完古往今来。想必那些聊天的家人定是想借着潮涨潮落带来喜悦、带走哀愁。不过这样的美景怎是虚设？纵有万种愁绪也都付了江水。更有一家三口互相用沙子埋人，传来长长的欢笑声，总是和着海浪引来人们美慕的目光；也少不了情侣之间的细语呢喃。海水浸润每一颗爱者之心，都化作柔情缱绻。远处烟火绚烂腾空，照亮每一张真实快活的面庞。浪漫的人们、浪漫的蓬莱！

蓬莱的浪漫也许有着历史的根由，暂不说多少帝王将相曾来此寻仙问道，光是那八仙就足以铺就蓬莱浪漫的情怀。如今这八仙早已驾鹤远游，我们心静虔诚不为成仙，只为求得在这凡尘之中活得安宁惬意，不也就是凡人中的神仙了吗？

天道自然，蓬莱便也顺理成章地演绎着当代的浪漫仙境，开车出蓬莱市区五分钟，路两边便是大片大片的绿意。细眼望去，你也未必觉得异样，当身边的人告诉我那是成片成片的葡萄园时，我大吃一惊，不觉眼前一亮。更让人兴奋的是，这些葡萄都是附近葡萄酒庄园的产物。从"葡萄美酒夜光杯"到现在音乐彩灯下的酒杯交筹，"红酒"自然成了高贵浪漫的代名词。想象一下，葡萄成熟的季节，人们把那一串串如紫珍珠般的葡萄小心地摘下来时是多么喜悦。许多庄园的建筑是欧式风格，坐落在绿意之中，乍一看，眼神需要几秒的逆转，刚刚还是中国的八仙，转眼怎么就到了欧洲庄园？我迫切地想进到庄园里面一睹芳容，可惜没能进去，又留了些许遗憾。他们都说，这样你还可以再来，还会发现这里更多的美。也是，美景总要慢慢赏，何况浪漫之境更需浪漫之心境。

精读经典　贵在有恒　勤作札记

——读曾国藩《曾文正公家训》有感

杨雪柏

清朝年间，有一贼人想趁天黑之际偷窃。他爬上屋顶，见屋内有光，一个十岁左右的男孩正在背书。孩子结结巴巴，来来回回背了好多遍，贼不知不觉都背了下来，等得睡着了。睡了两觉醒来，这孩子还在背这篇文章。既没偷到东西又挨了大半夜冻的贼心里很生气，便"噌"地从房顶跳下来，抢过孩子的书扔到一边说："没见过你这么笨的人。"就把文章从头到尾一字不落地背完，扬长而去。

故事是否真实无从考证，但故事中的笨小孩就是曾国藩。曾国藩少时的迟钝在记载中多处可见，随师求学，被师嘲笑："汝若有出息，我来背伞。"试问如此之笨的小孩能有几人？这个成为毛泽东和蒋介石共同推崇的笨小孩，有什么成功秘诀吗？

曾国藩临终时说："我这一生，无一日不读书。"他对子女的教育是家庭教育成功的典范，读书对他个人成功及子女成长起着至关重要的作用。他卓有成效的读书方法——精读经典，有恒读书，勤作札记，仍给我们现代学校和家庭教育带来深刻的启迪。

一、精读经典

在曾国藩眼里，经得起历史和时间检验的好书才是经典。"买书不可不多，而看书不可不知所择。以韩退之为千古大儒，而自述其所服膺之书，不过数种：曰《易》、曰《书》、曰《诗》……"他给儿子的家信中时时推荐必读的书目，这让我想起现在学生的阅读。阅读对提升学生语文素养，促进学生发展的重要性尽人皆知，但学校与家长困惑重重：学生该读哪些书？家长向教师求助，教师怎么办呢？上网搜索或者看上级教育主管部门的推荐书等，然后将阅读书目发给学生。可是，现在的孩子比曾国藩小时候不知要聪明多少倍，这些书远不能满足他们的读书欲望，书很快就读完了，家长又陷入了困惑。曾国藩的家庭教育给所有为人父母开拓了先河：父母必先读之，才知何谓经典。曾国藩在咸丰八年八月初三日书信中说："尔现读《离娄》，即如《离娄》首章'上无道揆，下无法守'，吾往年读之，亦无甚警惕……近岁阅历日久，乃知治人不治者，智不足也。"在同治二年三月初四日家信中说："尔阅看书籍颇多，然成诵者太少，亦是一短。嗣后宜将《文选》最惬意者熟读，以能背诵为断，如《两都赋》《西征赋》《芜城赋》及《九辨》《解嘲》之类皆宜熟读。"在同治五年四月二十五日家信中提及："纪鸿与瑞侄等须买《仁在堂全稿》《桤花馆试帖》悉心揣摩。"又在同治九年晦月说："算学书切不可再看，读他书亦以半日为率。"

曾国藩除了向儿子推荐必读书目之外，还与儿子共同探讨如何结合实际理解书籍。什么书不宜多读，哪类书该用怎样的形式读，为人父可谓以身示范。躬行如此，算得上现代经典分级阅读的先驱。

现代社会，学生学习的负担加重，属于自己的时间越来越少，学生阅读书籍的选择就更加重要。"买书不可不多，而看书不可不知所择"（曾国藩家训），更重要的是，书籍的选择将直接影响学生人生观、价值观的形成。如今，大多数年轻父母或因工作繁忙，或因个人空间问题不把孩子带在自己身边，更别说与孩子共同读书，"亲子阅读"成为一句口号。身为两江总督的曾国藩不仅"无一日不读书"，更能凭借书信进行"亲子阅读"，无疑是希冀子女有所出息的家长的典范。

二、贵在有恒

曾国藩在同治元年四月初四日家信中说："人生惟有常是第一美德，……可见年无分老少，事无分难易，但行之有恒，自如种树蓄养，日见其大而不觉耳。"纵观古今中外，在任何领域取得成功的人士，无一例外有一个品质——持之以恒。

做事贵在持之以恒，读书重在持之以恒。"故望尔等于少壮时，即从'有恒'二字痛下功夫。"曾国藩在家信中还提到："家中言天文之书，有《十七史》中各天文志，及《五礼通考》中所辑观象授时一种。每夜认明恒星二三座，不过数月，可毕识矣。凡作一事，无论大小难易，皆宜有始有终。"做事有恒是成功基本，对于自己正在做的事，要明晰自己的长处和不足，做到损有余而补不足。他在《家训喻纪泽》里说："尔之短处，在言语欠钝讷，举止欠端重，看书不能深入，而作文不能峥嵘。若能从此三事上下一番苦功，进之以猛，持之以恒，不过一二年，自尔精进而不觉。"因此，对于孩子来说，做什么事情并不重要，最重要的是能做到"持之以恒"。

如今"双减"落地，教育回归学校，家长可以有更多时间陪孩子成长，孩子也有更多时间去选择自己的所好所长。在良好的教育生态下，培养孩子的恒心、毅力尤为可贵，如果能坚持日日有所读、有所诵，不怕孩子的语文素养上不去。

三、勤做札记

做札记，即动手做笔记。曾国藩告诫自己的儿子："凡作一事，无论大小难易，皆宜有始有终。"明确"恒"的重要性，他自己更是"一书不完，不读二书"（意思是一本书没有读完，不去读第二本书），倡导精读书，并做读书笔记。

在新一轮的教育改革中，为提高学生的语文素养，"阅读与积累"成为学校语文教学的重头任务，每位教师都在强调阅读的重要性，推之家长便成了凡书必买。孩子爱读的、不爱读的，自己听说的、别人推荐的，网购方便又可以打折，可谓信手拈来。然而，对读书没有方向性的选择，必然导致所读之书鱼目混珠。因此，孩子在大量读书后，于阅读和作文没有多大的进步与突破。孩子所写的练笔与习作中，看不见阅读留下的痕迹。更让家长困惑的是，孩子的读书速度很快，几天一本，有数量无实效。家校均缺乏对孩子"快速"阅读的正确引导，得到的回答是：怕打击了孩子阅读的兴趣。岂不知，这种"兴趣"一旦养成，就会连带着习惯养成，读书囫囵吞枣，不求甚解，凑个热闹。这样的习惯将使孩子无法凝神静心地阅读，更不能领悟文章丰富的内涵，而是浮华在文字和故事情节的表面。

曾国藩在咸丰九年六月十四日家信中提到读书积累："尔读书记性平常，此不足虑。所虑者第一怕无恒，第二怕随笔点过一遍，并未看得明白。此却是大病。若实看明白了，久之必得些滋味。寸心若有怡悦之境，则自略记得矣。尔不必求记，却宜求个明白。"曾国藩读书做札记的习惯得到胡适的极力推崇，但凡有些滋味的，必一一记录，用心领略，正所谓"不动笔墨不读书"。

记得我小时候，一书难求，每每向人借书看，待要还书时，总是怕漏了书中的精妙之处，便用日记本将好词佳句认真摘抄。厚厚的一本，视若珍宝，时时拿出来读，不知不觉便记住了，每次写作文总能用上一两句，由此还得到老师表扬。没想到小学时的无心插柳，竟养成了我终身受益的好习惯。如今作为一名语文教师，我常常和学生一起分享折"驴耳朵"的欢乐，读书的时候，哪一页有自己最喜欢的段落、句子就折这一页的一角，有特别喜欢的想一起分享的就折这一页的两角。这样的积累和分享不仅给我的语文教学、学生的语文学习带来乐趣，还带来了意想不到的收获。学生在自己的书上做笔记、做批注，不用像我们那时不能在借来的书上涂画，要一字一字抄下来。我们觉得这是省时又高效的做读书札记之法。

生活中没有"笨小孩"，如果孩子从小养成良好的读书习惯和坚忍不拔、持之以恒的品质，他们就会成为我们心中的"天才"。这也是《曾文正公家训》带给我的启示。

参 考 文 献

一、图书类

［1］佐藤学.静悄悄的革命：课堂改变，学校就会改变［M］.李季湄，译.北京：教育科学出版社，2014.

［2］朱智贤，林崇德.儿童心理学史［M］.北京：北京师范大学出版社，1988.

［3］李吉林.小学语文情境教学［M］.南京：江苏教育出版社，1996.

［4］钱伯斯.打造儿童阅读环境［M］.许慧贞，译.北京：北京联合出版公司，2016.

［5］朱自清.朱自清全集：第8卷［M］.南京：江苏教育出版社，1993.

［6］克拉生.阅读的力量［M］.李玉湄，译.乌鲁木齐：新疆青少年出版社，2012.

［7］艾德勒，范多伦.如何阅读一本书［M］.郝明义，朱衣，译.北京：商务印书馆，2014.

［8］汪潮.小学语文课程与教学论［M］.上海：华东师范大学出版社，2010.

［9］韩兴娥.让孩子踏上阅读快车道［M］.武汉：湖北教育出版社，2009.

［10］苏霍姆林斯基.给教师的建议［M］.杜殿坤，编译.北京：教育科学出版社，1984.

［11］潘菽.教育心理学［M］.北京：人民教育出版社，1980.

［12］中华人民共和国教育部.义务教育语文课程标准（2011年版）［M］.北京：北京师范大学出版社，2012.

［13］张厚粲，李文玲，舒华.儿童阅读的世界Ⅱ：早期阅读的生理机制研究［M］.北京：北京师范大学出版社，2016.

［14］谢锡金，林伟业.提升儿童阅读能力到世界前列［M］.北京：北京师范大学出版社，2013.

［15］祝新华.促进学习的阅读评估［M］.北京：人民教育出版社，2015.

［16］崔利斯.朗读手册［M］.梅莉，译.海口：南海出版公司，2011.

［17］威金斯，麦克泰.追求理解的教学设计［M］.闫寒冰，宋雪莲，赖平，译.2版.上海：华东师范大学出版社，2017.

［18］刘徽.大概念教学：素养导向的单元整体设计［M］.北京：教育科学出版社，2022.

［19］怀特海.教育的目的［M］勒玉乐，刘富利，译.北京：中国轻工业出版社，2016.

［20］史密斯.欢欣岁月［M］.梅思繁，译.长沙：湖南少年儿童出版社，2014.

［21］张厚粲，李文珍，舒华.儿童阅读的世界Ⅲ：让孩子学会阅读的教育理论研究［M］.北京：北京师范大学出版社，2016.

［22］钱伯斯.说来听听：儿童、阅读与讨论［M］.蔡宜容，译.北京：北京联合出版公司，2016.

［23］彭懿.图画书应该这样读［M］.南宁：接力出版社，2012.

［24］松居直.打开绘本之眼［M］.林静，译.海口：南海出版公司，2013.

［25］窦桂梅.小学语文主题教学研究［M］.北京：人民教育出版社，2015.

［26］张云鹰.开放式阅读教学［M］.2版.北京：教育科学出版社，2016.

［27］教育部基础教育课程教材专家工作委员会.义务教育语文课程标准（2011年版）解读［M］.北京：高等教育出版社，2012.

［28］米勒.书语者：如何激发孩子的阅读潜能［M］.关睿，石东，译.乌鲁木齐：新疆青少年出版社，2016.

［29］倪江.理想语文：自由阅读与教学［M］.南京：江苏凤凰科学技术出版社，2013.

［30］陈峰.教学套路研究：以小学语文阅读教学为例［M］.南昌：江西人民出版社，2020.

二、期刊类

［1］王开岭.语文的使命［J］.人民教育，2014（22）：77-78.

［2］邹益.挖掘语言生长点　培养思维"五"性［J］.小学时代（教育研究），2012（2）：69.

［3］刘宪华."主题阅读"：阅读教学的一次革命性实践［J］.小学语文教学，2010（9）：60-61.

［4］胡元华."整本书阅读"课程建构的设想［J］.北京：语文教学通讯（小学），2016（30）：23-25.

［5］朱永新.教师的写作史，就是他的教育史［J］.教育家，2022

（39）：1.

［6］陈恒舒.新版语文教材的"打开方式"：兼谈教师阅读素养
　　　［J］.中国教师，2019（3）：13-16.

［7］朱永新.让孩子同时成为作者和读者［J］.阅读与成才，2022
　　　（4）：140.

［8］朱永新.教室的幸福，该从何而来？［J］.班主任之友（中学
　　　版），2022（Z2）：115.

［9］朱永新.阅读与文化传承［J］.新阅读，2022（6）：7-10.

［10］蔡小环.巧搭课内外阅读衔接点，有效提高学生阅读能力
　　　［J］.考试周刊，2021（77）：1-3.

［11］钱雪依.小学阅读教学课内外衔接的有效策略［J］.宁波教育
　　　学院学报，2015，17（5）：129-130，136.

［12］金敏.浅谈小学低段课内外阅读衔接的有效策略［J］.当代教
　　　育论坛（教学研究），2011（2）：62-63.

后 记

　　阅读是一件自由而美好的事情，让学生学会阅读、爱上阅读、享受阅读是语文教师最大的幸福和成就。从2009年至今，我们一直在阅读的陪伴下愉悦地学和教。关于阅读课堂上的相关指导、开展的相关活动、获得的奖励和肯定都慢慢淡忘了，只有学生在图书馆捧着书静静读书、不愿意离开的画面永远难以忘记，一想到这样的画面，人便心生宁静。在忆起小学生活时，学生已经不记得课堂上是怎样的，记得的也是在图书馆自由阅读、自主阅读的场景。这再次证明阅读的本质。

　　阅读是个性化的行为，是独特的感受。"一千个读者就有一千个哈姆雷特"，我们共读一本书，我们对阅读的一些测试，我们为阅读设置的各种表格……都是为了达到阅读的效果，甚至是不得已而为之的做法，这并不是教师牵着学生走，而是作为教师要适应学情，对学生的学习规划有整体建构，对学生在小学阶段的阅读有计划。阅读过程中的兴趣、状态、交流、分享，比阅读结果更重要，读得怎么样不是以教师的需求来评价，而是以学生的阅读成长为基准。因此，阅读更应该是一种精神层面的感觉。

　　阅读是一件简单而重要的事情。当前，统编版教材编排由精读、略读到整本书阅读，2022版语文新课程标准中单独设置整本书阅读任务群，再次将"课外阅读"重视起来。我看到过一篇《鲁滨孙漂流记》整本书阅读指导设计，整整十五六页的表格，将近三万字的开展过程，还有阅读统一进度表，如果阅读进度可以统一，阅读就失去了"本质"。阅读的过程简单点、支架精一点、表格少一点，重要的关注点放在学生阅读兴趣、阅读状态上，学生之间交流阅读进度，比让他们低着头填进度表、硬着头皮完成阅读内容更具有促进力。

　　阅读是大家的事，更是语文教师的事。学校、家庭、社会都会对学生的阅读带来影响。当阅读成为一种社会风尚时，学生在学校的阅读就显得更有价值。学校晨诵、午写、暮读、阅读等课程的设置，班级图书角、楼层借阅机、学校图书馆、校园各处图书角的建设，以及平时的图书漂流、各项阅读活动、每年4月的读书节各项展示，都营造了浓厚的读书氛围。阅读兴趣的激发、阅读习惯的养成、阅读方法的掌握、阅读评价的展示都离不开语文教师的用心投入，在这些过程中，最重要的一项是学生的阅读时间从何而来？有教师认为"双减"之后学生的作业量减少了，但"减负、提质、增效"拓展了更多素质教育的内容，不仅仅是阅读，还有体质健康、兴趣特长等，学生的时间还在那里，且要求睡眠时间得到保证。语文教师只有提高课堂效率、优化作业设计，在语文课堂上节省时间，将课外阅读纳入语文教学，阅读才能成为学生的事。

　　囿于水平、能力，本书难以表述尽意，难免左支右绌，尤其在文字编辑中，一些之前做的笔记和摘抄已难以找到出处，有疏漏之处请大家批评指正。在此过程中，感谢广州市黄埔区怡园教育集团袁超总校长的肯定，多年来他一直鼓励我坚持做阅读；感谢广州市华美英语实验学校总校长陈峰博士，几年前对我的阅读教学实践进行的梳理和提炼；感谢广州市黄埔区东荟教育集团郭云海总校长，给予我专业成长上的支持和搭建的平台；也感谢多年来与我一起奋斗在一线的新老同事。

　　"问渠那得清如许？为有源头活水来。"教育之路漫漫，不管时光如何变迁，做幸福的教育人，做幸福教育，将是我不断的追求。

2023年3月